从"一己之力"到"同心协力"

组织精神领导力作用路径与影响分析

姜　娟◎著

中国财经出版传媒集团

经济科学出版社

Economic Science Press

·北京·

图书在版编目（CIP）数据

从"一己之力"到"同心协力"：组织精神领导力
作用路径与影响分析 / 姜娟著 . -- 北京 ： 经济科学出
版社，2024.12. -- ISBN 978 - 7 - 5218 - 6506 - 6

Ⅰ．F272.9

中国国家版本馆 CIP 数据核字第 20246BH034 号

责任编辑：冯　蓉
责任校对：李　建
责任印制：范　艳

从"一己之力"到"同心协力"
——组织精神领导力作用路径与影响分析
CONG "YIJIZHILI" DAO "TONGXINXIELI"
——ZUZHI JINGSHEN LINGDAOLI ZUOYONG LUJING YU YINGXIANG FENXI
姜　娟　著
经济科学出版社出版、发行　新华书店经销
社址：北京市海淀区阜成路甲 28 号　邮编：100142
总编部电话：010 - 88191217　发行部电话：010 - 88191522
网址：www. esp. com. cn
电子邮箱：esp@ esp. com. cn
天猫网店：经济科学出版社旗舰店
网址：http：//jjkxcbs. tmall. com
北京密兴印刷有限公司印装
710×1000　16 开　12.25 印张　180000 字
2024 年 12 月第 1 版　2024 年 12 月第 1 次印刷
ISBN 978 - 7 - 5218 - 6506 - 6　定价：73.00 元
（图书出现印装问题，本社负责调换。电话：010 - 88191545）
（版权所有　侵权必究　打击盗版　举报热线：010 - 88191661
QQ：2242791300　营销中心电话：010 - 88191537
电子邮箱：dbts@ esp. com. cn）

在忙碌的现代社会中，工作不仅是单纯的谋生手段，也是满足现代人精神需求最主要的方式。但对很多人来说，工作中投入时间和精力增多，却难以获得精神上的认可和满足。伴随全球价值观深刻变化带来的日益增长的社会意识和精神复兴（Fry & Nisiewicz，2013），人们急于通过寻求精神上的解决方案来缓解社会和商业的动荡变化（Mitroff & Denton，1999）。精神领导力作为职场精神性理论的分支内容，为企业组织领导者提升领导力、激发员工内在动机和士气提供了新思路和新方法。精神领导力主张从精神层次上对员工施以激励，利用信任构建领导者与个人精神和价值之间的联系，关注追随者的精神价值体验，通过解决追随者对精神性存在的基本需求，来达到更有利于个人、群体（或团队）和团队以及社会发展的结果。

虽然有丰富的理论研究成果，"激励"在现代企业实践中却难以发挥其作用，企业面临"激励怪圈"——明明管理层非常重视激励问题，也投入了很多的资源和精力，但员工实质上并没有业绩提升，甚至对管理层的行为有抵触和厌烦等情绪，企业中存在"吃大锅饭"、安于现状等情况（朱旭东，

2014)。尤其是受新冠疫情的影响，人们改变了之前的工作方式和习惯，远程办公开始普及，面对面交流减少，人们的工作方式和习惯发生了显著变化。面对频繁而剧烈的组织变革，人们对工作的态度和情绪等愈加复杂。尽管激发员工士气在企业中是一直存在的问题，但在当下显得尤为急迫和重要。

本书基于精神领导力对员工创造力和员工士气、信任等理论内容进行分析，形成了精神领导力对员工影响的理论模型。同时，通过调查问卷的方式对我国组织团队中的领导及其追随者进行了信息收集，并通过 Spss 和 Amos 进行了数据分析和结构方程的模型检测，实证分析结果验证的结论显示：（1）精神领导力正向影响对领导的信任，且精神领导力的三个维度（愿景、希望和利他之爱）都对信任有显著的正向作用；（2）对领导的信任正向影响组织的员工士气，且信任正向影响员工士气的三个维度（监管、工作投入和工作满意度）；（3）精神领导力正向影响员工士气，且精神领导力的三个维度对员工士气均有显著的正向影响，精神领导力对员工士气的三个维度均有显著的正向影响；（4）精神领导力正向影响员工创造力，且精神领导力的三个维度对员工创造力均有显著的正向影响；（5）信任在精神领导力对员工创造力的影响过程中起中介作用；（6）信任在精神领导力对员工士气的影响过程中起中介作用。统合模型证明了精神领导力对员工影响的方式和路径，即形成了精神领导力在中国文化情境下对组织员工士气影响力的统合模型。

综上，本书研究认为精神领导力与领导者个人精神世界密切相关，提升精神领导力需要从领导者的精神需求满足出发，是领导者价值观念建设的长期、系统工程。领导者的精神领导力可以通过愿景、希望、利他之爱三个维度对员工产生正向带动，激发员工内在动机，从而营造一种更加积极、开放的工作氛围，激励员工尝试创新。尤其是受到领导的肯定，会形成对员工士气的激发和鼓舞。这种由于领导精神活动和员工内在动机提升而形成的组织文化是不同组织形成差异的重要内容，是不同企业在同样物质条件下创造不同价值的本质区别。精神领导力与员工士气、员工创造力之间相互促进，共同提升。同时，精神领导力对员工士气发挥作用的中介是员工对领导的信任，这种信任是一种日积月累的效应，会外化为一种积极开放的工作氛围。

CONTENTS 目 录

第1章

绪　　论

1.1　研究背景

步入 21 世纪，组织的结构、人员、范围和能力的传统观念边界越来越模糊，员工在组织内部和组织之间的活动日益"自由化"，组织管理环境更加复杂。为寻求新的突破，组织往往通过对其要素进行调整并改进、变革，以适应新的环境。但组织变革是一个复杂的过程，且伴随着诸多的不确定性和风险。在各种不确定情况下，员工心中如果存在着恐惧、压力和高度的焦虑，可能会使他们偏离主流工作。① 虽然可以满足合同和领导的要求，但是缺乏内在驱动，组织变革过程中产生的不信任感导致了员工的士气低落和精神迷失（Kinjerski et al. ，2008）。根据美国人力资源管理协会 2020 年 4 月的调查报告显示，2/3 的雇主表示，保持员工士气一直以来都是个巨大的挑战：35% 的雇主都在面临员工生产率变化的挑战，拥有 500 名以上员工的企业比中小企业的雇主更有挑战性。73% 的住宿/食品服务/卫生保健机构员工士气低落。②

---

① SHRM（Society for Human Resource Management）. COVID – 19 Research：How the pandemic is challenging and changing employers［R］. 2020.

② Pattnaik & Jena. Mindfulness, remote engagement and employee morale：conceptual analysis to address the "new normals"［R］. International Journal of Organizational Analysis，2021，29（1）.

新冠疫情极大地改变了人们的工作、生活方式，人们开始重新思考工作和人生的意义。2021 年，领英（LinkedIn）对全球求职者最关心的问题进行了调查，发现员工的第一价值主张是工作与生活的良好平衡，其次才是出色的薪资和福利。人们希望通过工作获得尊重与需要，从而获得更高层次的人生体验，这也是人类精神需求满足和提升的有益探讨①。除了吸引人才加入，能否留住人才是企业管理的关键。根据 DDI 2021《全球领导力展望》中国报告的调研，员工敬业度是人才留任率的最佳预测指标。敬业度高的员工，有高达 85% 的留任率，而敬业度低的员工只有 23% 的留任率。员工敬业度高低是一个多要素的复杂系统运动变化的结果，在这个系统中员工对企业的信任起着主导性的作用。

在这样的背景下，激励和信任问题成为组织，尤其是企业组织生存和发展的重大课题，2020 年 4 月，爱德曼国际公关（中国）有限公司携手清华大学国家形象传播研究中心共同发表了《2020 年爱德曼信任度调查中国报告》。为得出本次的调查结果，爱德曼共走访了世界上 28 个发达国家和地区的受访者，并针对政府部门、媒体、公司、非政府团体等四类组织的可信度展开了问卷调查。报告结果显示：疫情使世界范围内信任度下降，信用度失衡加剧。《2020 年爱德曼信任度调查中国报告》以"信任：能力与道德规范"为主题，详尽论述了二者的关系及其对建立信赖的影响。研究报告指出："道德规范"有关因素（在评价公司信誉时总和占比为 84%；当中包含正直 49%、可靠 15% 和使命 20%）对企业构建信任度的贡献度，是"能力"因素（在评价公司信誉时总和占比为 24%）的三倍还要多。这表明，公司在实力和信用合规层面的达标已然是重要条件，但在变化趋势下想要确保持续经营的实现，仍需要公司必须以价值理念为基础，将公司的实力与素质转化为利

---

① 领英：2022 领英全球人才趋势报告 [R/OL]. https://max. book118. com/html/2022/0722/5021341001004312. shtm.

益相关者的认同、确定、支持与推荐。这进一步证明了组织中信任和精神建设的重要性。顺应这一趋势，道德型领导、真诚型领导、精神型领导等概念也得到了深入的发展，领导者的素养对比其能力和行为更加受到重视。爱德曼国际公关（中国）有限公司 CEO 王东在公开发布会上表示："虽然当前充满了不确定性，各行各业的服务与运作也遭到了不同的冲击，但我坚信越是在这个时刻，公司越要通过行动来夯实'能力'与'道德'基础，并强化跨部门机构协同，更多地赋能给员工。唯有如此，方可从不确定中寻找确定。"[①]

近年来，国内公司也愿意给员工们提供更多的平台，创造更优的条件，以支持其完成职业抱负。实践证明，激励和信任是实现组织目标的重要手段。但公司激励机制大多重视物质激励，对精神激励，尤其是基层员工的心理承诺、组织承诺和情感承诺等影响工作绩效的精神因素，重视不足。同时，我国学者较多关注激励机制对组织创新和绩效的影响，对员工个人及其职业生涯关注较少。为此，本书从领导和激励理论出发，使用理论分析和实证分析相结合的方法探讨激励和信任在组织管理中的功能及影响的路径。

1.2　研究目标

本书围绕"提升员工士气和创造力"这一基本问题，立足"精神领导力"领域，针对当前企业面临的"激励"怪圈现象，面向我国113个组织的领导者及890名员工开展调查研究，探讨适合于我国组织激励实际情况的有效模型。研究内容及结果对于丰富精神领导力、职场精神性等理论，指导组织领导者的管理实践工作和组织的文化建设具有重要

①　爱德曼.2021 年爱德曼信任度调查中国报告［OL］.http：//www.199it.com/archives/1227285.html.

意义。具体研究目标包括：

（1）在对精神领导力、员工士气、员工创造力和信任等主要研究对象进行了文献整理和数据分析的基础上，基于精神生产理论、组织激励理论、自我决定理论等，厘清各研究变量的含义及其逻辑关系。对精神领导力相似概念进行辨析，丰富精神领导力和职场精神性等理论研究内容。

（2）初步搭建精神领导力影响内容的理论框架，明确精神领导力对员工士气及员工创造力的影响过程和路径，确认精神领导力影响员工士气和创造力的中介变量——信任领导的作用，提出本书的主要研究假设，建立精神领导力影响员工士气和创造力的理论模型，初步搭建精神领导力影响的内容框架。

（3）通过分发调查问卷获取研究变量的数据资料，对精神领导力影响内容的理论模型进行数据分析和实证研究；检验理论模型中各变量的相互关系的假设；并结合实证分析内容，充实理论研究内容。

（4）探讨企业组织内领导者的精神领导力对员工精神需求的满足、企业价值的实现所实施的影响和现实意义，为企业组织选择领导者、提升激励效率提供一项衡量标准，为企业文化建设和可持续发展提供一种思路。

1.3 研究思路与内容框架

1.3.1 研究思路

本书基于精神生产理论、组织激励理论、自我决定理论等，对精神领导力及其相似概念进行辨析，厘清精神领导力、员工士气、员工创造力和信任四个主要研究变量的含义及其之间的逻辑关系，提出研究假设，搭建精神领导力影响员工士气和创造力路径的理论研究模型。说明精神激励对于员工工作绩效的影响，并分析精神生产对物质生产的推动作用：在外在动机和内在动机的共同作用下，员工士气和创造力提升，形成了较好的工作氛围；这种良性的工作氛围提升了员工绩效和组织绩效；员工进而对领导者产生较为信任的态度。领导与成员形成了较高层次的工作关系。这种较高层次良好的工作关系会增进员工和组织绩效，形成组织职场精神性的内容，从而使组织获得高于行业平均水平的绩效，形成企业独特的竞争优势。这有利于企业应对复杂多变的经营环境。组织成员会形成与组织愿景较为一致的、较高层次的精神追求，形成正能量的干劲，对组织成员，甚至全社会范围内文明素养的提升产生辐射带动作用。

通过实证研究，检验精神领导力影响员工士气和创造力的过程和路径模型，检验精神领导力影响员工士气和创造力的中介变量（信任领导）的作用；进而探讨精神领导力对员工精神需求的满足、企业价值的实现所产生的影响和现实意义，从精神激励的角度提出提升员工士气和创造力的具体建议。具体研究思路见图1-1。

1.3.2　研究内容

本书从精神生产、精神领导力等理论出发，归纳和探讨精神领导力的研究方向，在资料占有基础上进行如下内容的探讨。

（1）理论研究：通过对精神生产、精神激励、内在动机等理论内容研究，阐述精神领导力的内涵，分析员工士气、员工创造力和信任领导等研究变量的含义及其相互关系。探讨精神领导力对员工士气和员工创造力的影响过程和路径，为研究铺设理论基础。

（2）提出研究假设和研究模型：精神领导力对员工士气和创造力的影响，既有直接作用，也有通过中介变量产生的间接影响：即通过影响组织成员信任关系而产生影响。

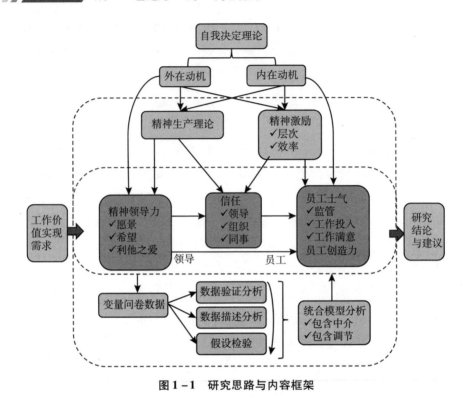

图 1 –1　研究思路与内容框架

（3）实证分析：①发放调查问卷，获取变量数据。对问卷数据进行初步的信度和效度分析，修正和完善问卷内容，保证调查问卷有效性和数据结论的科学性。②使用描述性统计对精神领导力和员工士气等变量进行具体描述，刻画组织中职场精神性的实际情况。③构建结构方程模型并进行假设检验，包括精神领导力对员工士气的影响、精神领导力对信任中介变量的影响、信任中介变量对员工士气的影响、精神领导力对员工创造力的影响、信任中介变量对员工创造力的影响以及综合模型的验证。

（4）研究结论与建议：结合理论和实证研究结论，强调领导者精神生产的重要性，提升企业组织对领导者内在精神的重视；对提升精神领导力的方式和方法进行探讨，对精神领导力对企业组织绩效和员工绩效提升等内容进行分析总结，对企业组织加强精神建设和文化建设提出建议。

1.4　研究创新与意义

托马斯·比得斯和小罗伯特·沃特曼在《寻求优势——美国最成功公司的经验》一书中提到，"一个伟大的组织能够长期生存下来，最重要条件并非结构形式或管理技能，而是我们称之为信念的那种精神力量，以及这种信念对于组织的全体成员所具有的感召力。"[①] 莱瑟姆（Latham，2013）提出著名的 LTPE 框架（a Framework for Leading the Transformation to Performance Excellence）认为，组织中的领导者必须认识到员工有精神需求，就像他们有身体、心理和情感需求一样。这种对内在生活的需求是通过为他人着想、对他人的爱之愿景希望与信念而传递的，这正是精神领导力的本质（Fry & Kriger，2009）。

精神领导力在管理与领导学科中越来越受到重视，越来越多的组织正在重视领导精神素养的作用，更侧重培养具有精神价值的领导者。在面对日益复杂的组织环境时，领导与员工寻求改善自身工作环境的方法，他们在工作中寻找人生的意义，以实现收入以外的工作目标（Fairholm，1998；Fry，2003）。在中国，精神领导力的理论研究和实践应用还处于萌芽阶段。员工们的精神需求日益增长，对领导方式和方法、工作环境和氛围提出了更高的要求。精神领导力将逐渐成为企业精神和文化建设的重要内容。

1.4.1　理论意义

1. 构建组织精神性研究的理论框架

从理论方面，职场精神性、精神激励、精神领导力都与组织有关，

---

① ［美］彼得斯（Peters T.），沃特曼（Waterman R.）. 优势美国最成功公司的经验［M］. 北京：中国财政经济出版社，1985.

也都涉及组织成员的精神需求，最终也均与员工和组织绩效相关。本书通过对职场精神性、精神激励和精神领导力等理论内容的分析，将自我决定理论中内在动机和外在动机与精神需求相联系，构建工作场所精神需求的理论逻辑，并对精神领导力相关概念进行了界定和区分，丰富了组织精神性研究的理论基础。

2. 探讨并丰富中国文化背景下精神领导力的影响研究

精神领导力作为新兴的领导力理论，具有较强的文化背景。精神领导力的影响内容十分宽泛，可能涉及社会学、管理学、心理学等领域。本研究通过理论分析和实证分析验证了在中国文化情境下"信任"在精神领导力和员工士气与创造力之间的中介作用，对精神领导力的作用方式和结果进行了较为完整的探究，形成了组织内精神领导力的作用路径研究，丰富了精神领导力和精神激励理论的研究内容。对于在组织内通过精神领导力来促进员工绩效和丰富员工精神性提供了证据支持，证明了组织成员能够通过精神领导力来满足某精神需求。

1.4.2　实践意义

1. 探讨新的工作方式下员工士气和创造力提升方法

受新冠疫情因素影响，远程办公等工作形式逐渐成为常态，组织成员间的合作与沟通也面临许多的变化和考验。在缺乏合作与沟通的情况下，如何保证员工的士气和创造力，是目前组织面临的严峻考验。精神领导力从满足员工的精神需求的角度，从愿景、希望与利他之爱三个维度出发，通过提升员工对领导的信任，从而提升员工士气和创造力，是远程办公背景等新的工作方式下激励机制的有益探讨。

2. 探讨跨文化背景下员工士气和创造力的提升方式

组织内、组织间跨国、跨文化交流日益频繁，在这样的背景下，如何保证不同文化背景的员工保持较高的士气和创造力是跨国公司管理的一项重要课题。虽然基于不同的文化背景，但员工们同样有通过工作获取物质和精神需求的要求、通过工作自我实现的要求。精神领导力在不同文化背景下被证明，为跨文化管理提供了证据支持，也为跨文化背景下士气和员工创造力提升提供了实践支持。

3. 探讨领导精神素养对组织发展和员工进步的重要性

在领导理论发展过程中，其关注的内容从特质、行为过渡到情境，随着职场精神性的兴起，领导者的精神素养越来越受到重视，成为领导理论发展的新方向。积极心理学证明了正念、希望、乐观等精神内容对组织目标实现的重要作用。而领导者的精神素养、人品等内容，也成为组织可持续发展需要考量的重要因素。组织文化建设更多地向职场精神性、精神领导等精神内容转移；这些研究内容和结果对组织选择和培养领导人将起到较重要的影响。

1.4.3　研究创新

本书通过对精神领导力的研究，分析其对员工士气和创造力的影响过程及结果，可能的创新有：

（1）为中国情境下精神领导力的作用机制和作用方式提供了证据资料。精神领导力的研究受特定文化背景的影响。在中国文化情境下，精神领导力的研究还未形成系统和完整的研究内容和研究方法。本书提出的精神领导力影响模型有助于今后中国文化情境下精神领导力、组织精神性研究的深入。

（2）通过对比分析，对精神领导力的含义进行辨析。说明了其与变革型领导等相似概念的区别和联系，结合精神激励等理论说明精神领导力的具体作用及作用方式，完善了精神领导力的含义及界定内容，为精神领导力理论模型的构建提供理论基础。

（3）使用自我决定理论说明精神领导力通过激发员工内在动机、提升员工士气和创造力的理论逻辑过程。为积极心理学与精神领导力的交叉研究、探讨精神领导力的前因变量等提供了新思路。

（4）使用结构方程模型对调查问卷数据进行实证分析，通过精神领导力对员工士气和员工创造力作用路径的模型检验，阐述了精神领导力对员工士气和员工创造力的影响过程及结果，并验证了信任在这一过程中的中介作用，丰富了精神领导力实证研究的内容。

第 2 章

理论基础与文献综述

本章中对研究对象涉及的理论内容：马克思精神生产理论、激励理论、自我决定理论、职场精神性等进行论述和分析；对本书研究对象：精神领导力、员工士气、员工创造力和信任等内容进行文献阐述和分析。

2.1 理论基础

2.1.1 马克思精神生产理论

精神生产是马克思主义唯物史观的一个重要范畴，精神生产理论在马克思唯物史观形成中具有重要地位（林岩，2018）。马克思以社会整体性原则为基础，从实践的维度出发，将整个社会划分为物质活动和精神活动两大领域，并指出"思想、观念、意识的生产最初是直接与人们的物质活动，与人们的物质交往，与现实生活的语言交织在一起的"，即物质生产决定精神生产。他同时指出，正是由于社会分工的发展，"意识才能摆脱世界而去构造'纯粹的'理论、神学、哲学、道德等"，因而人们的思想、观念等意识生产开始与政治、法律、道德、宗教、形而上学等的精神生产相分离，逐渐由自发性的意识生产转变为自觉性的精神生产，进而精神生产从隐性走向显性，在社会发展中的地位和作用日益提升，并在某些历史时期领先于生产力发展水平，在一定程度上发挥着理论先导作用，并能够自发地、能动地引导或调节物质生产的发展（梁军、李文玲，2023）。

1. 精神与精神生活

Spirit 来自拉丁语 Spiritus 或者 Spiritualis，含义是呼吸、空气或风（韦氏词典）。马克思对 "精神" 和 "意识" 未进行严格区分，它们在马克思的著述中往往具有相同含义：主要包括人的 "思想、观念、意识的生产" 或者 "想象、思维、精神交往" 和某一民族的 "语言中的精神生产" 等。[①]

马克思认为精神生活必须是指人们 "对科学的向往，对知识的渴望，他们的道德力量和他们对自己发展的不倦的要求"，同时也包括 "为自身利益进行宣传鼓动，订阅报纸、听课、教育子女、发展爱好，等等"。[②] 人与动物的根本区别在于，人不仅拥有一个丰富多彩的物质生活世界，还在于有一个复杂的、神秘的精神世界。

精神生活具有内在性和超越性：能够超越现实的物质存在基础，追求更高境界的生活状态；精神生活具有自由性：精神生活为人的发展树立了意义与价值目标，是人凭借个人意愿所作出的自由选择；精神生活具有创造性和继承性：基于对过去和现在社会现存的精神资源的批判、内化、利用，而实现创造性活动（郭利娜，2013）。

马克思从人的现实生活、感性实践、历史的辩证方法、阶级立场四重视域分析精神，揭示出精神的现实性、实践性、过程性和人民性的本质规定，勾勒出实践唯物主义精神解读的世界观和方法论（徐海峰，

---

① 邓小平. 邓小平文选第 3 卷 ［M］. 人民出版社，2001：137.
② 马克思，恩格斯. 马克思恩格斯选集第 1 卷 ［M］. 人民出版社，2009：524.

2021）。马克思在论述物质生活与精神生活关系时，特别强调物质生活在人类生活中居于基础地位，精神不能独立存在，精神生活以物质生活为其生产的前提；同时人的精神生活具有一定的能动性，表现为精神生活对物质生活具有一定的反作用；而且物质生活与精神生活各自发展的相对独立性导致了其发展存在着不平衡性（郭利娜，2013）。

2. 精神生产的概念与意义

马克思哲学从本质上是全面生产理论，包括物质生产、人的生产、精神生产、社会关系生产四个组成部分。这四种不同种类的生产相互渗透、相互关联，构成了马克思全面生产理论的基本内容。其中，物质生产和人的生产是基础层面，精神生产是最高层面，社会关系是中介层面（俞吾金，2003）。

马克思首次使用"精神生产"的概念即将其置于历史唯物主义基础上："在直接的物质生产领域，确定某件物品是否应当生产，即确定这种物品的价值，这主要取决于生产该物品所需要的劳动时间。因为社会是否有时间来实现合乎人性的发展，就取决于时间。甚至精神生产也是如此。"[1] 之后，马克思在《德意志意识形态》中指出"思想、观念、意识的生产最初是直接与人们的物质活动，与人们的物质交往，与现实生活的语言交织在一起的。人们想象、思维、精神交往在这里还是人们物质行为的直接产物。表现在某一民族的政治、法律、道德、宗教、形而上学等的语言中的精神生产也是这样。人们是自己的观念、思想的生产者，但这里所说的'人们'是指现实生活中从事活动的人们，他们受自己的生产力和与之相适应的交往的一定发展——直到交往的最遥远的形态——所制约。[2]"马克思在这里从物质生产和物质生活入手，强调了包括精神生产在内的人的精神活动与物质活动的关系：物质活动是

---

① 马克思，恩格斯. 马克思恩格斯选集第 1 卷 [M]. 人民出版社，2009：270.
② 马克思，恩格斯. 马克思恩格斯选集第 1 卷 [M]. 人民出版社，2009：524－525.

人的精神活动的基础，精神生产是随着社会分工的发展和需求的增多才从物质生活中分离出来的，归根结底是人类物质活动的反映与产物，物质生活对精神生产具有决定意义和作用（林岩，2018）。

精神生产是人社会性本质的特殊体现，彰显了精神生产在人的全面发展理论和历史唯物论中的价值功能。人和动物的区别不仅在于物质生产，更在于精神生产，后者具有根本性意义。同时，精神生产活动不受外在必然性产生的需要限制和束缚，"（物质领域）始终是一个必然王国，在这个必然王国的彼岸，作为目的本身的人类能力的发展，真正的自由王国，就开始了。但是，这个王国只有建立在必然王国的基础上，才能繁荣起来"。① 精神生产的发展推动了人类精神文明的进程；精神生产力的提升可以通过物质生产形式体现出来，或可化为物质生产力的形式推动社会生产力的提升，促进社会全面发展进步（林岩，2018）。

2.1.2 激励理论

激励一词源于拉丁文的 "Movere"，原意是 "驱动"。激励最初产生于哲学领域（享乐主义），19 世纪末，转向比较实证心理学领域。在整个 20 世纪，激励的概念在组织行为学领域得到了大量的关注。

申津来等（2013）认为激励本质上是手段与目的的统一——是人为实现其目的而采取的、能够表现出主体意志的手段。激励所释放的能量能够使人达到 "全面地发展自己的一切能力" 的目的。"个人的全面发展只有到了外部世界对个人才能的实际发展所起的推动作用为个体本人所驾驭的时候才不再是理想、职责等，这是共产主义者所向往的。"②

1. 经典激励理论

根据波特、比格力和斯蒂尔斯对组织中激励的研究，工作组织中的

---

① 马克思，恩格斯. 马克思恩格斯选集第 46 卷 [M]. 人民出版社，2003：929.
② 马克思，恩格斯. 马克思恩格斯选集第 1 卷 [M]. 人民出版社，1995：76.

激励理论可分为内容理论和过程理论。

工作激励内容理论假定个体内具有激发、指导和持续行为三项因素。而这些激励因素直接关系到个体内重要元素的识别，并说明了这些元素在个体内可能的优先次序。马斯洛的需要层次理论是第一个主要运用在工作中的个体激励理论；奥尔德佛的 ERG 理论（存在—关系—成长理论）是将需要层次理论进行扩充和精细化的代表；赫茨伯格的激励—保健理论是第一个专为工作情境开发的激励模型；麦克利兰的学习需要理论中的学习需要和获得需要完全适合于组织和工作情境。

激励过程理论试图描述行为怎样被激发、指导和持续。这些理论重视行为背后的某些心理过程。特别是就行为而言，过程理论特别强调描述个体决策系统的机能。最广为人知的过程理论是弗鲁姆的期望理论和波特—劳勒的工作激励模型。弗鲁姆专门为工作情境开发了首个系统化的期望理论公式；波特—劳勒的工作激励模型则是对弗鲁姆相关理论的延伸和细化。

迈尔斯、波特和克拉夫特（Miles，Porter & Craft，1966）通过对美国公共卫生机构人员进行的问卷调查表明，存在三种不同的领导态度模式，对应着三种激励模式，也对应着西方激励理论发展的三个阶段，具体如表 2 - 1 所示。

表 2 - 1　　　　激励理论发展阶段与领导者态度模式对应表

模式	传统模型	人事关系模型	人力资源模型
时间	19 世纪末 20 世纪初	20 世纪 20 年代后期开始	20 世纪 60 年代开始
代表理论和观点	科学管理学派	人事关系学派，工作满意和社会需要	1960 年麦格雷戈的 "Y 理论"，1965 年迈尔斯的 "人力资源" 模型，1967 年的利克特的 "系统 4"，1972 年薛恩的 "复杂人"
前提	经济人假定	社会人假定	复杂人假定

续表

模式	传统模型	人事关系模型	人力资源模型
假设	1. 对大部分人来说,工作本身是令人厌恶的 2. 他们所做的对比他们想从中获得的显得更不重要 3. 很少有人希望或能够从事需要创造性、自我导向或自我控制的工作	1. 人们希望感到有用和重要 2. 人们希望归属组织,被看作是其中的一个成员 3. 在激励人们工作时,需要比金钱更重要的内容	1. 工作本身是不令人厌恶的,人们希望为组织建立有意义的目标做贡献 2. 许多人能够表现出比工作中要求的更多创造性、负责的自我导向和控制
政策	1. 管理者的主要任务是严密地管理和控制员工 2. 管理者应该把工作分解成简单、重复和容易学习的操作步骤 3. 管理者必须制定详细的工作路线和程序,以便于稳定并全面地执行	1. 管理者的基本任务是使每个人都感到有用和重要 2. 管理者必须使下属能够获取信息,听取他人的不同意见 3. 管理者应该允许下属在日常事务中发挥自我导向和控制	1. 管理者的基本任务是充分使用"没有被利用"的人力资源 2. 管理者应该创造一个所有人都能发挥其有限能力的环境 3. 管理者必须鼓励对重要事务的完全参与,不断地扩大下属的自我导向和控制
希望	1. 合适的报酬和公平的老板是人们能够忍受工作的前提 2. 如果任务足够容易,人们能够被严格控制,工作会达到标准化	1. 通过与员工分享信息,让他们参与日常决策,这将满足他们最基本的归属和被认可的需要 2. 满足这些需要将提高士气,并降低正式权力的阻力——员工会自愿合作	1. 扩大员工自身的影响,自我导向和控制将指导改进操作效能 2. 作为员工的"副产品",工作满意可以更好地利用资源

资料来源：笔者根据 Miles，Porter & Craft. Leadership attitudes among public health officials [J]. American Journal of Public Health & the Nations Health，1966，56（12）整理。

在上述激励管理方式的演变过程中，对被激励者的尊重和重视程度越来越高。但是"诸多表面的做法并未改变西方激励哲学以经济人假设为主的本质"（程江，2014），"社会人是对经济人的补充，而不是取代"。[①] 程江（2014）认为西方激励理论的核心在自身利益最大化，在此基础上，委托人（激励者）与受托人（被激励者）是不得不合作的

---

① 雷恩，孙健敏，黄小勇，李原. 管理思想史 [M]. 北京：中国人民大学出版社，2009.

关系。在既定收益总额一定的情况下，双方进行着你多我少的零和博弈过程。这样，如果委托人希望通过激励机制的设计、通过监管或处罚的方式威慑受托人而使其不敢采取不道德行为，又或是采取奖励促使受托人将利益总额最大化，从而实现共赢。但实际上，委托人处于强势地位，对受托人监督控制多，而兑现奖励少。这种选择机制的使用迫使受托人在并不公平的收益分配机制中，通过减少投入以达到心理的平衡。而因为契约的合同刚性和路径依赖性，委托人对受托人的这些软性不道德行为也无可奈何。非直觉、更精简、更理性的管理让许多公司陷入了困境。实践中"激励怪圈"层出不穷，成为世界范围内共性问题。

2. 影响激励的因素研究

从理论和实践来看，激励问题应该成为企业管理的首要问题，是企业能否继续生存和发展的重大问题。企业的成功取决于人力资本绩效，而绩效取决于员工的激励水平。朱旭东（2014）针对中国四家国有企业员工进行的问卷调查结果显示：国企员工进取型激励（包括参与激励、职业发展激励、培训实践激励、榜样激励、荣誉激励、目标激励和成就激励）的满意度低于保守型激励（包括人际关系、工作环境和企业文化），在职业发展激励和培训实践激励方面的满意度更低。企业中存在"吃大锅饭"、安于现状的情况。这种问题长期存在，必将对企业的员工士气和创造力带来负面作用，影响组织的可持续发展。

适当的激励机制可以引导企业实现其愿景、使命和目标。根据波特—劳勒综合激励模型，要形成激励→努力→绩效→奖励→满足并从满足回馈努力这样的良性循环，而这些取决于奖励内容、奖惩制度、组织分工、目标导向行动的设置、管理水平、考核的公正性、领导作风及个人心理期望等多种综合性因素；其中能力和素质、工作条件和角色感知对工作绩效十分关键。适当的激励机制可以引导组织实现其愿景、使命和目标。在组织系统中，通过采用多样化的激励措施，同时促进其标准化、制度化，与激励客体之间互相影响、相互制约的结构、方式、关系及演变规律的总和即为激励机制。

有效的激励机制有助于员工产生更加强烈的工作动机，能够起到发挥创造性、激发积极性等作用。而影响动机的因素因其重要性而有较大差异（Bhuvaneswari et al.，2021）。针对不同员工群体，学者们分析了影响员工激励的因素，得出了不同结论，具体内容见表 2 - 2。

表 2 - 2　　　国内、外影响员工激励（机制）的因素代表性观点

年份	国内外学者	影响员工激励（机制）的因素
1998	Grahaln Little	工作承诺、资金、有效管理和好的工作氛围
2001	Zinghei & Schuster	有较高吸引力的业务发展前景，员工的个人成长机遇，良好的工作环境和完善的薪酬战略等
2014	Avasilcai Silvia & Rusu Gabriela	知识、技能以及沟通；对员工展开培训
2015	Hackman JR	薪酬、环境、个人成长、发展前景
2017	Spakovska Katerina	知识、工作环境、员工的工作意愿
	Naim. F & Lenka U	招聘、人才培养、知识管理、绩效管理和奖励等
	Neunerski & Christine	专业发展、知识体系、创新能力与薪资结构
2019	N. V. Predeus & N. A. Baryshnikova	重视人力资源，近、远环境影响，国家、地区性质、人类层面的动机
2012	吕微，唐伟	员工薪酬激励制度，发展激励机制，工作环境，绩效考核激励机制
2015	陈能浩	员工薪酬、绩效考核、个人发展前景、企业文化
2016	王良云	精神、目标、物质、行为、关怀、民主、竞争以及反向等方法
	曹东	以人为本；重视员工内心的想法，保障环境和谐
	马伟	以物质激励为主，精神激励为辅，完善约束机制，有效的知识培训
2017	杜莹莹、杜玉帆	了解员工真实想法和内在需求，建立员工职业规划
	冯景战	适合薪资报酬、关注个体差异、注重内在激励、建立公平晋升制度
	吴剑平等	创新体系的搭建、科技人才评定、资源合理分配等

续表

年份	国内外学者	影响员工激励（机制）的因素
2018	张宝玲、吴方、王济干	基于薪酬获取、组织关系、理解索求以及公平性的不同特征建设起人才激励管理框架模式
2019	张雪艳	薪酬，绩效，职业规划，培训，精神激励
2020	白云鹏	合理数字激励标准，加强精神激励和差别激励，加强与员工的沟通
	王继峰	升级精神激励和晋升激励，加强对激励机制的监督，科学完善薪酬的组成

资料来源：作者根据参考文献内容整理。

由表2-2的总结可知，针对不同类型员工的特点和需求，激励和可能产生激励作用的因素均不相同；影响激励的因素包括宏观因素（政府、地区层面）和微观因素（企业、员工层面）；或可分为与物质激励相关因素和与精神激励相关因素。不同级别、不同行业、不同性格的员工对物质需求及精神需求的内容和实现方式有较大区别，如果对所有人员一概而论，对其内在需求没有进行认识和区分，得出相反结论不足为奇。

3. 我国传统文化中的激励思想

我国学者一直从传统文化中汲取管理智慧和思想：郭子仪（2000）探讨了《孙子兵法》中管理心理学思想（包括人性观、激励思想、群体心理思想、领导心理思想）。夏金华等（2000）探讨了墨子思想（包括领导者心理素质思想，从领导者的知识结构、道德品质、语言能力、工作态度、生活作风、为人原则等）中领导者的心理素质。陶新华等（2002）则结合先秦法家学说，阐述了法家独特的领导心理思想，并指出只有善于运用法、术、势的人，才能够成为完美的管理者/明君。陈春花、乐国林、曹洲（2014）则通过案例研究的方法对企业管理领导进行分析和判定，认为我国优秀企业的领导者普遍推崇传统文化，并指出掌握本土传统文化与杰出的领导人与其业绩之间存在密切关联①。

我国传统文化中的激励理论，尽管以进取理论为主导，但自然理论和节欲理论所起的作用绝不能低估，它们分别占有一定的精神空间，互相补充。"士"均更看重精神需求，也认为精神需求更能体现自身的人格魅力。

根据李一（2005）对中国本土传统儒、道、释思想中精神激励内容的阐述，强者尊儒，智者信道，慧者崇佛。传统儒家思想应是中国影响范围最广、影响力最强、最具中国文化特色的精神激励理论。儒家激励理论是基于"道""义"的精神激励：人们认为金钱等物质方面的利益和他们所追求的道义相比是次要的，这就是"舍生取义、杀身成仁"。儒家的进取理论是以积极入世的理念和尊崇道义的价值观，鼓励人们发愤图强、心怀天下成就事业。同时，儒家文化中也强调领导身体力行和对员工的积极影响。如：孔子说"上好礼，则民莫敢不敬；上好义，则民莫敢不服；上好信，则民莫敢不用情"。这正是领导者精神激励的体现。道家对人性的假设与儒家相反，其更加注重人作为个体存在的价值，尊重身而为人的各种感受。道家的"无为而治"并不是管理者完全无所作为，而是在顺应事物自身发展规律的前提下有所作为，即"治大国若烹小鲜"——以正治国、选贤与能、无为而治。佛教则主张众生皆苦，将苦难视为人生的常态与前提。同样，人的痛苦在于现实与愿望之间永远无法消除的巨大反差，而减少痛苦不外乎两种方法：努力追求或是降低欲望。人的能力有限而人的欲望是无限的，节制欲望比苦苦追寻更有智慧。因此，佛教要人控制个人需要，而讲奉献。

"中华优秀传统文化源远流长、博大精深，是中华文明的智慧结晶"。"自强不息""厚德载物"等既是"君子"的自我修养，也是"修身齐家治国平天下"的精神动力和源泉。中国传统文化有丰富的管

---

① 陈春花，乐国林，曹洲．中国领先企业管理思想研究［M］．北京：机械工业出版社，2014．

理思想和激励内容，目前组织中的激励问题可以从传统文化中汲取营养。同时组织精神激励会形成组织的精神氛围，升华为组织文化。在此过程中，要特别注重员工理想信念的培育，促进人的全面发展。

4. 精神激励理论

精神激励的最终目标，是使传统意义上的被管理者和管理者一起，首先成为管理自身的主人，使自身听从内心的指引、客观规律和真理的指挥，并且回归到每个人天然的主人翁地位，管理自身及自身的工作，以自我为主、以组织支持为辅，避免传统管理中被管理者对管理者的依赖，最终培养员工的自立性。马尔科娃和福德（Markova & Ford）于 2011 年通过对全球 500 强企业 30 家中的 288 名知识型员工进行调查，结果显示：与物质激励相较，非物质激励可以更为有效地激发员工的工作热情和动力。

虽然精神激励在实践中的作用被承认，然而，对如何定义精神激励，学术界一直没有形成明确的说法。通常相关的研究都是从字面上解释，把"精神"作为"激励"的定语来理解。"精神激励"是相对于"物质激励"而言的，也有相对于"外在激励"的说法（马囡，2015）。现将我国学者对精神激励定义的研究总结如下：

申来津（2002）认为精神激励是社会、组织或个体成员在特定社会环境中，依托于精神载体（如思想、观念、情感、信念、荣誉、期望等）来激发、启发、塑造、诱导激励对象，引起激励对象在思想结构、人性境界、精神状态、心理体验和行为方式等方面产生改变，从而更有效地达到社会、组织或个体成员预期目标的过程；如信仰感召，荣誉驱使，道德规约，艺术素养，榜样引导以及演说家鼓动等都是精神激励范畴。这种解释是将精神激励相对于物质激励而言，即"精神"作为"激励"的定语。

齐善鸿、刘明、吕波（2007）提出精神激励是指"管理者以认识和理解员工或下属的内在心理动力系统内容与特性为基础，采取非物质手段为特征的、积极的、有针对性的措施激发其潜能和工作热情，并将其行为目标与组织目标进行协调的过程"。精神激励是满足人们高层次心理需要的根本性激励，它是一种主导的、持久性的激励形式，具有持续的内驱动作用，是真正的激励源泉。精神激励的核心在于对人们的心理产生持续的 "内在驱动"，即启动人们内在的 "动力系统"，启发人们认识到工作对于自我利益、自我成长的重要性及意义，建立起组织氛围，进而建立起以自我激励为主、外部推动为辅的激励机制。这种观点与自我决定理论相符，即精神激励是通过非物质手段激发人们的 "内在动机"，是相比物质激励更有效的激励方式。

程隆云、周小君、何鹏（2010）通过李克特量表对企业非物质激励（组织环境、精神激励和职业能力发展激励）进行了调查研究，其结果显示，相对物质激励而言，精神激励满意度很低，与期望状态的差距较大。他们认为精神激励包括权力激励、目标激励、关怀激励、信任激励、情感激励、榜样激励和荣誉激励七个方面。精神激励是一种主导的、持久的激励形式，具有持续的内在驱动的作用。应采取有效的手段来满足人的尊重、成就、自我实现等高水平的需求。研究强调精神激励"持续"激励的作用。

康国华（2012）认为精神激励是通过对公司人员业绩的肯定、职位的晋升、业务知识的培训和技能的培养等非物质性的激励方法，使公司人员得到更高层次的心理需要，包括满足社会交往、社会尊重和自我价值实现等，从而调动员工工作积极性、达到提升工作效率的预期目的的行为或过程。精神激励最本质的内容在于满足员工的心理需求。

袁合艳（2020）通过问卷调查和深度访谈方法对某企业激励现状进行研究，发现传统单一的薪酬待遇对知识型员工的激励作用在下降。员工们更注重非物质层面的激励，比如能否获得晋升、长远的职业规划、受到尊重和认可等。由此得出结论：面对知识型员工日益增长的实现自我价值和突破个人发展瓶颈的强烈需求，需要打破传统单一的晋升途径，实现更多维度的发展路径，还应配合具有强烈吸引力和凝聚力的企业文化和精神激励。其研究强调了知识型员工精神需求的增长，说明精神激励在员工职业发展中的重要作用。

可见，在精神激励的研究中，相比物质激励而言，学者们更重视精神激励对员工的影响：这既是企业持续性发展的必然要求，也是员工个人成长的迫切需要。按照赫茨伯格的双因素理论，保健因素是为了满足个人对外部条件的基本要求，是较低层次的需求，不会导致积极的后果；而激励因素是满足对工作本身的要求，是较高层次的需求满足，会使人受到激励。精神激励最重要的目的是通过满足员工的精神需求，激发其内在动机，并以此促进员工精神境界的提升和全面发展；在此基础上，通过对不同级别、不同岗位、不同性格的员工实施针对性的精神激励，提高其工作积极性，可以达到组织发展的目标。

5. 小结

虽然在产业革命时代，物质激励确实对工人生产效率提高等方面产生了巨大的影响，但是随着人类社会政治、经济、文化水平的提高，人们的精神需求越来越高，从人力资源现状来看，精神激励或将逐步取代物质激励占相对主导地位，而物质激励则会与精神激励相辅相成，共同满足人们在不同层次和程度上的物质需求与精神需求（袁瑛，卢文文，2009）。精神激励最重要的目的是通过满足员工的精神需求，激发员工的内在动机，促使其从"自我"层次向"超我"层次跃升。随着经济社会发展和员工素质的提升，人们的精神需求越来越高，单一的薪酬福利对员工（尤其是知识型员工）的激励效应在减少。员工更加注重非物质方面的奖励，比如能否得到晋升、长远的职业规划、受到尊重和认可等（Tampoe，1993；张建卫等，2019；袁合艳，2020）。从领导行为的角度，学者们认同精神领导力对员工精神需求的正向作用，包括提升员工主动性行为（杨振芳等，2016）、个体创新绩效（仇勇、孟雨晨、杨旭华，2019）等；也有学者提出要发挥企业文化的激励作用（周恩毅、贺凡，2022）。

2.1.3 自我决定理论

自我决定理论的创立者赖安和德西（Ryan and Deci）研究指出，内在动机而非外在动机，才是创造、责任、健康行为以及持久改变的核心所在。自我决定理论认为，人有满足自主（Autonomy）、胜任（Competence）和联结（Relatedness）的需要。若要满足这些需要可以通过不断地调动人们的内在动机，让人们全心全意地投入到某件事情，同时具有最好的体验和表现。这对个人成长与融合、社会积极发展、个人幸福等都非常必要（Deci & Ryan，2000；Ryan & Frederick，1997）。因此，在激励方面，正确的问题不是"人们如何激励他人"，而是"人们怎样才能创造条件让他人激励他们自己"。①

1. 三个基本心理需求

基本需求是指人们所感受到的一种"缺失"或"差距"，当其得到满足时会带来健康与幸福感；当其未得到满足时，会引发疾病与异常。基本需求可以是生理的，例如对空气、食物和水的需求；也可以是心理的，例如对爱、尊重和被欣赏的需求。

自我决定理论假设，人在一生中必须持续地满足三个基本的心理需求——自主、胜任和关系。自主需求是指人们认为其可以自主地决定自己行动的需求，例如发起、调节和维持自己的行为；当此种需求被满足时，人们会体验到个体自由。胜任需求是指人们想要完成困难和富有挑战性的任务，并达到所期望结果的需求；当此种需求被满足时，会感受到掌控感、成就感和控制感。关系需求是指我们和他人建立相互尊重和联系的需求，当此种需求被满足时，我们会感觉到来自其他人的社会支

---

① Deci E L & Books P. Why do we do what we do：understanding self-motivation ［J］. Journal of ence & Medicine in Sport，1995，32（Feb 26）：586 – 587.

持。在理想的情况下，个体在其一生中能够达到这三个需求同时满足的最佳水平（Ryan & Deci，2002）。

自主、胜任和关系需求被认为是所有人与生俱来的（Ryan & Deci，2000；Deci et al.，2001；Vansteenkiste et al.，2004）。但是，三个需求的相对地位以及每个人实现其需求的方式，会随着时间的推移和人生阶段的变化而改变。另外，个体所处的文化环境也将影响他们对这三个需求的重视程度和积极寻求满足的程度（Ryan & Deci，2000）。自我决定理论一个主要观点是，人们对某些生活目标的追求，可以带来对三个基本需求相对更为直接的满足，从而增强幸福感（Ryan，Sheldon，Kasser & Deci，1996）。然而，人们对某些其他目标的追求，或许无法带来对三个基本需求的满足，而这会引发疾病和异常。卡塞和赖安（Kasser and Ryan，1999）将自身内在目标的满足（包括个人成长、归属感和联结）和自身外在目标的满足（包括金钱、名誉和外貌）进行了对比。他们认为关注内在目标可以提高幸福感，而关注外在目标会导致抑郁和焦虑（Vansteenkiste et al.，2004）。

2. 内部动机与外部动机

内部动机（也称内在动机）是指执行一项活动的原因是因为活动本身是有趣的，可以不断满足活动执行者的需求（White，1959）。当人们进行某项任务本身就能够感受到积极的情感时，活动个体就是出于内部动机。相反，外部动机（也称外在动机）是指，之所以采取某项行动是因为这样做会带来一些与活动本身不同的结果，例如获得奖励或避免惩罚（Deci & Ryan，2008）。如果人们相信其行为是由内部原因引起的，他们会有一种内在因果关系定位的感知。相反，若人们认为其行为是由外部原因引起的，他们会有一种外部因果关系定位的感知（Deci，Ryan & Connell，1989；Sheldon，2002；Turban，Tan，Brown & Sheldon，2007）。

外部动机一般可分为四种类型，根据个人从内部调节到外部调节的程度依次划分为：整合调节（integrated regulation，个体对一项活动的价值充分认同，以至于使该活动成为自我的习惯性部分）、认同调节（identified regulation，个体仅仅是因为认同某种行为的价值和意义而实施活动）、内摄调节（introjected regulation，个体由于自我价值感而采取行动，例如内疚和内我卷入）、外部调节（external regulation，个体仅为了获得奖励或避免惩罚而采取行动）。内部动机、整合调节和认同调节被称为 "自主性动机"（Deci & Ryan，2008；Gagné & Forest，2008）。内摄调节和外部调节由于其自主决定的成分更少，被统称为 "控制性动机"。当三种基本需求都得不到满足时，就会出现 "无动机"（amotivation），这是各类动机中自我决定程度最低的。

3. 对管理者的启示

自我决定理论考察了一个人的行为自我激励和自我决定的程度，如果满足了自主、胜任和关系三个基本需求，与未能满足这三种基本需求相比较，人们倾向于拥有更高的绩效、健康和幸福感。

管理者的目标之一是激励员工完成所期望的组织目标和任务。员工可以仅仅为了符合管理者的要求，获得奖励或避免惩罚而完成一项任务。在这种外部动机驱动的情况下实施的行为往往不会持久，并且一旦惩罚或奖赏取消，通常员工行为就会停止。而员工也可以因为认同一项任务的目标和意义而执行这项任务。在这种内部动机驱动的情况下，行为通常可以持续较长的一段时间。但是，最理想的情况是，员工已经内化了任务的重要方面，即将任务转变为其自身的一部分，在这种情况下，员工完成任务的理由是因为任务本身是有趣的、令人愉快的。

管理者应该与其他员工讨论他们是由内部动机还是外部动机驱动的。如果可能的话，寻求多种方法，使员工能够更多地因为内在驱动而执行任务，而更少地因为外部奖励而执行任务。为了强化内在驱动，可以向员工说明具体任务对组织愿景、使命、战略和目标的价值。员工对自身的工作动机和工作过程内化的水平越高，就越能够发现工作本身带来的趣味性和满足感，也就越能提高他们的健康和幸福感水平。相反，如果员工感觉到他们的三个基本需求都没有得到满足，他们甚至会寻求一份新的工作，因为需求未满足会导致压力、焦虑、抑郁甚至疾病的产生。①

对企业组织领导者而言，需要说明员工具体工作任务对组织愿景、使命、战略的价值，提供员工工作过程中和生活上的沟通与支持，这可以帮助员工提升其工作精神需求，进而促使员工内化企业组织愿景。通过将企业战略愿景与员工职业发展相结合，激发员工工作的内在动机，促使其发现工作过程中的趣味性和满足感，从而激发员工工作热情，实现组织绩效的可持续性提升。

精神领导力无疑是将组织愿景与员工内在动机建立联系的关键。精神领导力从满足员工内在精神需求出发，激发员工工作的内在动机，促使员工实现更高层次的人生体验，是充分发挥员工"自主性动机"的组织实践结果。

2.1.4 职场精神性

在组织层面精神内容最广泛和系统的探索是 1999 年由米特罗夫和丹顿（Mitroff & Denton）进行的组织精神性（Organization Spirituality）研究。他们把职场精神性（Workplace Spirituality）放在组织或战略层面，作为一个实体来描述。在其所著的《美国公司的精神审计》一书中，首次对职场精神性进行了大规模的实证调查研究。结论是：大多数组织都遭受精神贫困。米特罗夫和丹顿提供了一些可以被用来促进组织精神性提升的模型，以此来实现和实践职场精神性，避免可能发生的冲突、争论和价值观的分歧。②

---

① 于海波、晏常丽译. 自我决定理论［C］//［美］Jeffrey A. Miles 著，徐世勇、李超平等译. 管理与组织研究必读的 40 个理论［M］. 北京：北京大学出版社，2017：206－213.
② Fry, Hannah, Noel et al., Impact of spiritual leadership on unit performance［J］. Leadership Quarterly, 2011, 22（2）：259－270.

卡瓦纳等（Cavanagh et al.，2003）将职场精神性定义为在组织日常生活中、存在约束条件背景下，追求更高目标的理想和努力。贾卡洛内和尤尔基渥奇（Giacalone & Jurkiewicz，2003）将职场精神性定义为一种文化价值观所证明的组织价值框架，以一种充满同情心和喜悦的方式促进员工的相互联系感，可实现员工在工作过程中的超越体验。

可见，职场精神性侧重于在工作场所中建立一种联系和氛围，并在此基础上形成个人和组织间积极的、相互的影响力。贾卡洛内和尤尔基渥奇进一步指出，在当代社会中个人在工作中所追求的东西主要包括四个方面：（1）在工作中能不断学习、发展并感到胜任与精通；（2）在工作中能体验到卓越感、意义性与目的性；（3）积极、和谐的同事关系；（4）获得能够协调生活中各种角色冲突的能力。从他们的研究结论中可以发现，当代员工对工作的要求已不仅仅局限于物质上的追求，而是更多地想要从工作中获得精神方面的满足。这也是最经常被引用的职场精神性的定义内容，即认为精神性是组织价值观和组织文化的组成部分（Cavanagh et al.，2003；Gotsis et al.，2009）。之后，贾卡洛内和尤尔基渥奇（Giacalone & Jurkiewicz，2010）在给出了多个假设后，将职场精神性定义为：在个人、群体及组织的不同层面，在工作场所的各个方面，通过超越感来实现个人的满足。即工作过程促进了员工与一种超越自身的非物质力量之间的联系，这种力量提供了完整和快乐的感觉（Giacalone & Jurkiewicz，2003）。这种超越感，即通过工作获得归属感，以及对社会联系、成员关系的需要，被视为职场精神性理论的必要基础（Benefiel，Fry & Geigle，2014）。实际上，这个概念强调的追随者在工作过程中的超越感，仍然是以需求和动机理论为基础的。

弗赖伊（Fry，2003）认为，自工业革命开始以来，主导组织场景的传统官僚范式已然过时，并被21世纪全球互联网时代所固有的频繁快速的组织变革所替代。鉴于这些变化，他呼吁彻底转变为以职场精神性和精神领导为基础的学习型组织范式。之后，弗赖伊（2005）探讨了职场精神性与领导力理论以及实践和实证问题，他认为职场精神性需要的是一种内在生活，在一个基于利他之爱价值的社会环境中，通过归属或超越自我来滋养及被滋养。弗赖伊和斯洛克姆（2008）认为，领导者如今面临的最大挑战之一是强调职场精神性需要开发新的商业模式，即强调精神领导、员工健康、可持续发展和社会责任，同时不牺牲利润、收入增长和其他的财务业绩指标（so-called Triple Bottom Line，or "People，Planet，Profit"）。卡拉克和萨迪罗格卢（Karakas & Sarigollue，2019）使用五个土耳其组织的个案研究说明组织精神对积极和消极潜能的螺旋动态影响，即可以利用灵感、参与和使命感的上升螺旋来促进工作中精神性的积极表达；消极动力可能通过不文明、沉默和疲劳的螺旋出现；他们还对领导者如何塑造这些螺旋动态来改善工作场所的条件提出了建议。虽然这种积极影响和消极影响的刻画较主观，但其提供的对比研究方法较有意义。

根据米利曼等（Milliman et. al.，2003）的研究，职场精神性可分为三个不同层面，即三维经典结构：从个人层面来讲主要是工作意义感，包括喜欢并享受这份工作、能够被工作所激励、工作给人以目的感和意义感；从团队层面来看主要是团队联系感，包括与同事之间的联系感、员工之间互相支持、与共同目的相联系；从组织关系层面看，主要是个人与组织价值观的契合度，包括感到与组织目标相联系、认同组织的使命和价值观、组织关怀员工。

国内关于职场精神性的定义，较为普遍被接受的是王明辉等（2009）的研究结果："职场精神性是个体在工作背景下的一种超越性体验，它通过工作过程提升工作的意义与目的，培养与他人之间的联系感来丰富个体的内心生活体验，实现个体的内在心灵需求与工作意义的互动，实现自我与组织的融合，从而提升个体的心灵层次，实现个体的成长与进步。"

可以认为，职场精神性本质上是基于组织客观的物质关系而形成的一种组织氛围感；在积极的组织氛围感下，会产生较为积极的绩效、改善员工工作体验等。精神领导力积极地影响个人和组织成果，是职场精神性的关键组成部分。精神领导力就是以领导理论为基础的职场精神性内容。员工精神性内容——员工士气等——也包含在职场精神性的范围内。同时，领导者的精神性内容与员工的精神性内容两者是相互影响、相互发展的动态系统。这里需要说明，职场精神性作为组织内精神生产的一部分，仍然受目前客观物质条件的制约，包括领导者的素质和学识、组织绩效、员工素养等。虽然个人精神价值观与有效领导之间存在一致性已被证明，但精神领导力是如何通过领导精神性内容与员工的精神性内容形成互动，从而完成有效领导的过程却未被探究。本书通过对精神领导力对员工士气和创造力的影响过程进行分析，阐释精神领导力对员工积极影响的具体作用路径，有利于丰富职场精神性的理论内容。

2.2　精神领导力

2.2.1　精神领导力的含义

精神领导力不同于以往的领导类型，精神领导力更侧重于精神性和信仰，是一种专注于组织意义的领导类型（Thompson，2004）。精神领导力意味着建立了一种工作环境，在这种以信任和人文价值为基础的工作环境中，人们能够充分地展现自身的才华和能力（Benefiel，2005；Milliman & Ferguson，2008；Fry & Cohen，2009），实现个人价值。

不同学者从不同视角对精神领导力作出了定义，包括从行为结果的角度、行为过程的角度、组织视角、领导者个体角度、领导目的角度及其相关维度角度（吴湘繁和向毅，2021）。在众多定义中，学者们更认同弗赖伊（2003）的研究结论，即精神领导力是旨在通过内在激励和学习来完成组织变革的因果领导理论。精神领导力能够从内在激发自己和他人的价值、态度和行为，通过使命感和归属感来获得精神上的存在感，从而帮助人们在生活中体验意义、有所作为以及感受到理解和赞赏。精神领导力在战略、团队和个人三个层次上构建领导者及其追随者存在感的价值一致性，从而提高组织承诺、生产效率和员工福祉①。弗赖伊（2005）通过引入在职场精神性、性格伦理、积极心理学等方面的理论新发展，扩展了精神领导力理论，探索了积极的人类健康和幸福的概念。他认为这些领域的发展促进了人类健康和福祉所必需的价值观、态度和行为的共识。弗赖伊等（2016）认为领导力所包含的价值观、态度和行为是内在地激励自身和他人所必需的，这样人们就可以通过使命感和归属感而产生一种精神性存在的体验。因此，需要（1）创造一种愿景，让领导者和追随者在生活中体验一种使命感（Calling）：认为这是有意义的，并且会有所不同。(2）建立一种基于利他之爱的价值观的社会/组织文化，基于此领导者和追随者会有一种归属感（Membership），感到被理解和被欣赏，并对自己和他人都有真正的关心和欣赏。

综上，组织精神领导力是从精神层面对员工进行激励，通过信仰或信任建立领导、精神、个人价值之间的联系，重视追随者的价值感受，主张通过领导者满足追随者对精神性存在的基本需求，来获得有益于个体、群体（或团队）和组织乃至社会的结果②③。

2.2.2 精神领导力近似概念比较

精神领导力融合了领导学、管理学和心理学等学科的交叉内容，将

---

① Fry L W, Vitucci S, Cedillo M. Spiritual leadership and army transformation: Theory, measurement, and stablishing a baseline [J]. The leadership quarterly, 2005, 16（5）: 835 – 862.

② Fry, L W. Toward a theory of spiritual leadership [J]. Leadership quarterly, 2003, 14（6）: 693 – 727.

③ Fry, L W, and Slocum Jr, JW. Maximizing the triple bottom line through spiritual leadership [J]. Organizational Dynamics, 2008, 37（1）: 86 – 96.

精神领导力的定义与其他相近定义进行区分，可以更好地认识精神领导力的内容、范围和特点等。

1. 变革型领导

伯恩斯（Burns，1978）认为，与交易型领导相区别，变革型领导是一种旨在追求更高组织目标的领导类型。领导者及其下属须转换原本的价值观念、人际关系、组织文化与行为模式，并凭借更高的动机和士气团结在一起，超越个人利益。伯恩斯（1978）还强调了变革型领导的四项要点，即授权（Empowerment）、决策参与（Decision making）、凝聚共识（Consensual）与塑造文化（Strong Culture）。巴斯（1999）指出变革型领导者的承诺来自领导者自身的良心和内化的价值观，良知和价值观的声音通常来自宗教教义或与更高力量或上帝联系的精神感觉。霍华德、古热玛屯哈马迪瓦和怀特（Howard，Guramatunhumudiwa & White，2009）在针对教育领导的研究中指出，精神智力通过连接想法、事件和人来创造意义，这些联系引发了个人和组织的变革。精神智力和变革型领导能力之间的联系包括魅力（Charisma）、思考（Consideration）和创造力（Creativity）。

可见，变革型领导和精神领导力的来源或前因变量均为精神智力等精神性内容。作为一个更加成熟理论内容，变革型领导侧重于组织变革和变化，变革型领导者侧重于激发追随者对更高层次目标的追求，这种追求可以是物质的，也可以是精神的。而精神领导力侧重于满足领导者和追随者精神上的需求，从而保证领导和组织的有效性。同时，变革型领导主张将组织利益优先于个人利益；精神领导力倡导的愿景实现了个人利益与组织利益的协调（史珈铭、赵书松、吴俣含，2018）。

2. 道德型领导

布朗和特维诺（Brown & Trevino，2006）给道德型领导做了较为完整的界定：道德型领导包括诚实、体谅追随者、决策的公平性、利用奖惩促进道德行为及基于道德价值观做出决策。道德型领导是领导者通过个人行动和人际互动，向追随者做出更合适的行为规范，并且通过双向沟通、强化和决策等方式促使追随者遵循这种规范。道德中存在精神的内容，也存在行为的内容。虽然有的学者认为精神领导力应该包括道德的维度，但道德型领导更侧重从领导的角度对追随者实施道德规范层面的影响；而精神领导力更侧重于领导者对追随者精神层面的影响，同时突出表现为追随者产生更高的组织承诺和生产力水平。

3. 灵性资本

顾建平等（2019）提出的企业家灵性资本（Spiritual Capital）的概念认为，人的需求可分为物质需求、精神需求、灵魂需求三个层次，与灵魂需求有关的内容即是灵性资本。灵性资本也可称作信念资本。企业家灵性资本是指企业家从自身信仰中所获取的对人生目的和意义、终极的使命感和核心价值观的感悟与认知，通过构建组织愿景、强化使命追求来鼓励他人，使其不断努力工作和奋斗，最终实现自身的人生目标和人生价值（顾建平，李艳，孙宁华，2019）。企业家灵性资本包括崇高的使命感、核心价值观和终极人生观三个方面（顾建平，吴寒宵，单庚芝，2020）。

灵性资本的概念更多与企业家精神（Entrepreneurship）相联系，强调作为企业家个人的人生体验。与精神领导力相比，灵性资本更侧重企业家个人价值观以及个人价值的实现，是个人更高精神需求的内容。精神领导力是基于组织层次讨论领导者精神层次的引领作用，更侧重于通过满足其精神需求，来激发追随者更高层次的体验感，从而达到个人、组织和社会的和谐一致，追求的最终目标是在完成有效领导的基础上实现人生价值。

但精神与物质的区别比较明显，而精神与灵魂的区分比较困难，精神和灵魂的追求对个人而言，层次区分并不明显。灵性资本作为领导者个人价值观的内容，与精神智力内容更相似更可能成为精神领导力的前因变量。

4. 自我领导力

在分散化和虚拟化的办公环境下，员工个体不仅仅是各种各样命令的执行者，更要成为积极主动的创造者和贡献者。自我领导力是一种思维模式，是经理人或独立工作者具备的统筹安排、掌握主动以及独立解决问题的个人领导能力。[①] 自我领导力更是一种工作技巧，任何能提供实现目标所需的支持和指导的人，都是领导者。[②] 可见，自我领导力只是使用了领导力的名称，本质上是员工自我激励和管理的一种方式和能力。这与精神领导力侧重于领导对追随者的影响有本质区别。精神领导力是通过领导者对追随者精神上的影响，来树立愿景，形成利他之爱的组织文化，从而让员工体验到被理解和被欣赏，进而产生自我领导的行为。

2.2.3 精神领导力的维度

精神领导力强调领导者在精神上对追随者的引领作用，其包含的范围极广，所有影响追随者精神需求内容都可以包含进来。但是，其中最能够体现领导者精神素养对员工精神需求满足的内容，才应该是精神领导力的维度内容。关于精神领导力维度的探讨，包括以下一些代表性观点。

费尔霍姆（Fairholm, 1997）认为精神领导力应该包括道德领导、管家观念和企业社区精神三个维度。其中，道德领导的主旨是：精神领导者是道德领导者，不会因为受到威胁而妥协；包括建立共同价值观、愿景设定、共享观念、赋能、影响力和权力、感知、承担风险、服务、

---

① Fry L W, Matherly L L. Spiritual leadership and organizational performance: An exploratory study [J]. Paper presented at the Academy of Management, Atlanta, Georgia. 2006.

② [美] 肯·布兰佳，苏珊·福勒，劳伦斯·霍金斯. 自我领导力 [M]. 王秀莉，译. 南海出版公司，2019.

变革等内容。管家观念的主旨是：个人是自己的管家，领导者是团队的管家；强调主动性和责任感。企业社区精神的主旨是：企业是社区，是指引个人和团队的愿景、价值观之间协助关系的载体；在企业社区内，组织成员受到关注、得到发展和进步。

米特罗夫和丹顿（1999）认为精神领导力量表应该包含互联性、使命感、整体性和宗教性四个维度。森贾亚（Sendjaya，2007）通过对15 名高管进行访谈、使用 15 个专家小组的验证数据、277 名学生的预先测试数据及 192 名员工的交叉验证数据进行实证分析，得到研究结论为精神领导力包括虔诚度、互联性、使感、整体性四个维度。

按照弗赖伊（2005）的研究，精神领导者的素养包括愿景、希望与利他之爱三个方面：愿景指详细阐述组织各个方面的发展目标，并经过员工共同努力创造出未来的一种发展前景；希望（信念）指确信能够实现组织各个方面发展目标的一种资源；利他之爱指通过关怀、关心和感激自己与他人而产生的满足、和睦和幸福的一种感知。具体内容见表 2 - 3。

表 2 - 3　　　　　　　　　　精神领导力维度内容

愿景（Vision）	希望（Hope/Faith）	利他之爱（Altruistic Love）
√对主要利益相关者有广泛的吸引力	√耐力	√信任/忠诚
√定义目的和实现方式	√毅力	√宽恕/接受/感谢
√体现理想	√尽力而为	√廉洁
√鼓励希望/信念	√延伸目标	√诚实
√建立卓越标准	√对奖励/胜利的期望	√勇气
	√卓越	√谦逊
		√善良
		√同情
		√耐心

资料来源：根据弗赖伊（2005）精神领导力素养内容整理。

该项研究是基于军队中的变革的需求，得出的结论是："精神领导力理论为领导力理论的研究和实践新范式提供了跳板，因为它（1）融合并扩展了变革型领导理论和魅力型领导理论以及基于道德和价值观的理论（例如，真实型领导和仆人型领导）；（2）避免了度量模型规格不正确的陷阱。为了培育与激励追随者，领导们必须基于自身的核心价值观，并通过愿景及个人行动与追随者沟通交流，通过使命感和归属感创造一种精神存在感。"这也是精神领导力较为广泛被引用的维度内容。

琼斯（2008）利用诠释学和现象学等质性研究方法对女性社区学校的主席进行采访调研后发现，精神领导力涉及五个主题，包括将精神性纳入工作和生活、包容性、建立和维护关系、自省、从事有意义的工作。卡拉达（Karadağ，2009）通过对土耳其教师所进行问卷调查获得了数据，并使用结构方程模型检验了校长精神领导行为的影响。他认为精神领导力分为绩效（包括承诺、愿景和生产力三个方面）和出勤（包括归属、信任两个方面）两个维度，并证明了精神领导力对组织文化存在显著的影响。

杨振芳、朱瑜、陈庆文（2015）通过对精神领导力问卷的校标关联效度进行检验，认为中国情境下精神领导力的三个层面是品行修养、信心/信念与愿景，三个维度对心理资本、发展绩效、主动性行为均存在显著正向影响。

弗赖伊等（Fry et al.，2016）对其之前精神领导力研究内容进行了总结和提炼，认为精神领导力创造了一种组织内的必要条件，在这一条件下领导者及其追随者的基本需求得到满足——通过超越的愿景和以利他之爱为基础的企业文化来激励员工，通过使命感和归属感在个人、团队和组织之间创造愿景和价值观的一致性；最终，促进更高水平的员工福祉、组织承诺和生产力、社会责任和卓越绩效。精神领导力的基本要素包括：（1）创造一种愿景，让领导者和追随者体验一种使命感，让他们的生活有目标、有意义，并有所作为。（2）建立以利他之爱的价值观为基础的组织文化，使领导和下属有一种使命感、归属感，并感到被理解和欣赏。结合之前的研究成果，对精神领导力的愿景、希望与利他之爱三个维度进行界定和分析。

1. 愿景

"愿景"（Vision）一词源自古希腊语的"去看（to see）"，意指愿景是在文字之上描绘了一幅能够被组织内成员看见的画面。

纳鲁斯（Nanus，1992）从实践的视角将愿景界定为在领导者脑海中存在的关于产品、服务和组织未来的画面。柯林斯和波拉斯（Collins & Porras，1996）从构成的角度将愿景定义为核心理念和未来前景两部分内容，其中核心理念包括"核心价值观"和"核心使命"，是组织在实践演变过程中持久保有的品质特征；未来前景由"10 ~ 30 年的宏伟目标"和"对未来的大胆描述"两部分构成。

卡顿、墨菲和克拉克（2014）认为愿景指的是一个充满活力的、理想化的、组织期望某一天可以实现的、可口头描述的目标。

愿景对于指导和激励员工非常重要（Bass & Avolio，1994）。愿景的目的有：（1）为组织设定总体方向；（2）有助于简化全组织范围内各种各样的战术决定流程；（3）帮助协调整个组织的行动（Fry & Cohen，2009）。一个强大的愿景具有广泛的吸引力，定义了组织的目标和实现过程，反映了崇高的理想，赋予工作以意义，并激发希望和信念（Daft & Lengel，1998；Nanus，1992）。

尽管愿景也是一种目标，但是愿景与目标设置理论中的目标有三点差异：首先，愿景用图画的方式来描述未来，其结果更开放、更定性；而目标通常以具体数据来表示，其结果更具体、更加定量。其次，愿景的时间跨度较长，更关注长期结果，更富有挑战性；而目标的期限相对较短，同时挑战性较小。最后，愿景在不确定的、开放的环境中更加有效果；而目标在静态的、封闭的环境中更加可行（Fry & Cohen，2009；范雪灵、王小华，2017）。

组织内的愿景应是基于组织发展的实践，经组织成员集体认同的组织未来发展的画面。愿景作为精神领导力的一个维度，是指领导者能够通过对未来组织愿景的描述，完成对成员的精神激励，引领成员将个人目标与组织愿景相统一，从而实现组织目标和领导绩效。能够应用愿景的领导者，在其管理过程中需要让追随者能够持续增进对复杂性的理解，获得清晰的愿景和完善心智模式的能力，而非传统的"设定方向、做重大决策和激励下属"。他们还要在观念、细节、态度、行为、保健和未来发展上发现问题，并解决这些问题（陈建成、李华晶、乔依杨和王鹏，2010）。

2. 希望/信念

随着积极心理学的兴起，希望理论日益受到重视。关于希望的概念，根据洛佩兹等（Lopez et al.，2003）的统计，自20世纪末以来在社会科学领域内对希望的内容有26种界定，大概可以分为两类：第一类是希望的情绪观（刘梦超、黄希庭，2013），如将希望看成"个人'身陷囹圄'时的一种情感质性的应对方式"（Lopez et al.，2003）。第二类是认知观，如戈特沙尔克（Gottschalk，1974）提出希望就是一种"大乐观"，表现在个体认为"积极的结果不仅会出现在个人的生活中，而且会发生在整个社会，甚至会出现在整个宇宙和纯粹精神或想象的事件中"。

当代心理学较为认同的是希望中认知成分与情绪成分共存的观点（任俊，2006），其中以斯耐德（Snyder）对希望的界定以及由此建立的测量量表具有代表性。斯耐德（2002）将希望比喻成心中的彩虹（Rainbow in Mind）。在其理论体系中，希望是"一种积极的动机性状态，这种状态是以追求成功的路径（指向目标的计划）和动力（指向目标的活力）交互作用为基础的"。这当中包含三个最为主要的成分：目标（Goals）、路径思维（Pathways Thoughts）和动力思维（Agency Thoughts），其中目标是其希望理论的核心概念。斯耐德认为人们所有的行为，包括日常活动中的普通行为，都有某种目标；目标是人们心中想要的任何事物、经验或结果。希望目标可以划分为四种：接近性目标（朝向希望达到的结果）、避免消极结果的目标（阻止或推迟不想要的事件）、维持性目标（维持现状）和提高性目标（提高一个已经存在的积极结果）。路径思维，是一套高效地实现个人所期待目标的方法、策略和计划，这是希望中的认知成分。动力思维是执行路径的"动力"，即个体认识到自己根据已有的路径达到所期望目标的能力，属于希望中的动机成分。希望的路径思维和动力思维缺一不可，在人们追求目标的过程中既紧密联系又相互配合，两者"不仅反复出现而且相辅相成"（Snyder，2002），而任何因素过多或过少都不利于目标的实现。对那些高希望与低希望的人，他们对于生活的情感设定是不同的。一个充满希望的人应该有持久的积极情绪，对其追求的目标有一种情感上的热情。另外，低希望的人被认为有消极的情绪，对追求目标有一种情感上的倦怠感。与不抱希望的人相比，高希望的人更有可能选择远期目标。斯耐德将希望看作一种稳定的特质，不仅是一种能力特质，还是一种动力特质。

目前，希望这一概念更多地应用于教育领域和医疗领域，也有证据证明希望在人力资源管理方面的应用意义。例如，约瑟夫和路桑斯（Youssef & Luthans，2007）的两项调查研究分别测量了 1032 名和 232 名企业雇员的希望和个体坚韧性在工作领域中的作用。结果表明，三种心理资本都与工作满意度和幸福感有关联，但只有希望与坚韧性和组织承诺（Organizational Commitment）显著正相关，并且唯有希望与工作业绩显著正相关。由此可见希望在改善工作绩效中的关键作用。韦尔什和雷文（Welsh & Raven，2011）调查了 81 名国际特许经营协会（International Franchising Association）成员的希望与企业领导力（Entrepreneurial Leadership）、组织承诺等因素之间的关系。其研究的结果表明：希望与企业领导力、组织承诺是显著正向相关的。

弗赖伊（2016）认为希望是一种对没有经验证据事物的坚定信念。

它是建立在价值观、态度及行为基础上的，这些行为证明了人们所期望和期待的一定会实现。有希望/信念的人清楚地知道他们要去哪里，如何到达那里，并且愿意面对反对和经历困难，以实现他们的目标（Macarthur，1998）。因此，希望/信念是相信组织的愿景、目的和使命将会实现的源泉。将愿景转化为具有挑战性且可行的目标，有助于提高人们的希望和信心，也有助于设定和接受具有挑战性的目标（Fry，2016）。高绩效的组织将组织战略转化为具体的人力资源战略，以确保员工的能力和授权并充分参与以实现组织使命和愿景。

在领导理论领域，较为广泛被认可及接受的是积极心理资本的概念。心理资本是指个体所拥有的一种内在的、积极的心理特质和心理状态，是一种相对稳定持久的、可以进行测量、开发并可有效管理的资源（Luthans & Youssef，2004）。心理资本问卷包括自我效能感、韧性、希望和乐观四个维度。其中希望维度包括 6 个题项，测度的是员工的希望状态。对于希望的度量，基本采用希望状态量表（the State Hope Scale；Snyder et al.，1995）。该量表测度的是员工的希望状态，即从理论上和心理测量上认为希望是一种性格和状态的积极心理能力（Snyder，2000；Shorey，Snyder，Yang & Lewin，2003）。

希望是愿景能够实现的信心，愿景设定后，能不能够实现、如何实现是通过希望来满足的。希望是愿景实现的保障。

3. 利他之爱

精神领导力中的利他之爱（维度）被定义为 "一种通过对自己和他人的关心和欣赏而产生的完整感、和谐感和幸福感"（Fry，2003）。而作为组织文化的一个组成部分，利他之爱定义了一套价值观、假设和思维方式，在道德层面上是正确的并由团队成员分享，而且能够教授给新成员（Klimoski & Mohammed，1994）。这一定义的基础是诸如正直、耐心、善良、宽恕、接受、感激、谦逊、勇气、信任、忠诚和同情心等价值观。弗赖伊（Fry，2003）认为谦卑是精神领导力的特征之一。

利他之爱的组织文化和氛围，是愿景实现的具体手段和方式，是希望的来源。

4. 三个维度之间的关系

曼多克和富尔顿（Maddock & Fulton，1998）以及贾卡洛内和尤尔基维奇（Giacalone & Jurkiewicz，2003）提出了工作场所精神幸福的两个主要方面：超越感、使命感和对社会联系、归属感的需要。正是由于领导者向追随者传递利他之爱（职业上的）的价值，所以精神领导力可以积极影响精神幸福。领导者和追随者共同产生和发展了一个愿景，这引生了希望/信念和意愿，以及追求对关键利益相关者的优质服务（Fry，2003；2005）。这进而会产生一种使命感，让人们觉得自己的生活有意义、有目标，进而有所作为。同时，当领导者和追随者参与到这个过程中，并产生一种相互关心的感觉时，也会产生一种归属感，感到被理解和被欣赏。

根据弗赖伊（Fry，2016）的观点，精神领导力以内在生活为源泉，以利他之爱为文化基础，希望/信念是对愿景的推动。具体而言，利他之爱提供了希望/信念所必需的信任，是工作中自我激励的来源，并由此激发对愿景的积极信念。希望/信念为完成工作增加信任和行动。同时这三个核心维度高度相关（Chen & Li，2013；Chen & Yang，2012；Chen，Yang & Li，2012；Fry，Vitucci & Cedillo，2005；Jeon et al.，2013），形成了一个潜在的建构（Law，Wong & Mobley；1998）。愿景、希望/信念和利他之爱等更高层次的因素（精神领导力）共同影响使命感和归属感。由于希望/信念推进努力，使组织愿景与领导者的价值观、态度和行为共同反映出利他之爱，领导者和追随者在服务利益相关者和组织成员时都体验到使命感，也能体验到对彼此的关心和感激。精神领导力三个维度之间的关系具体可见图 2－1。

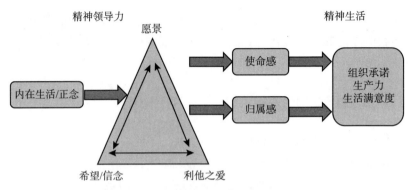

图 2 - 1　精神领导力维度关系示意

资料来源：根据弗赖伊（2016）精神领导力模型内容整理。

5. 精神领导力的文化适用性

弗赖伊（2003）认为，精神领导力模型是普遍存在的，因此在不同的文化背景或不同的个性特征中几乎没有差异。陈等（Chen et al.，2012）研究认为精神领导力在儒家文化背景下的中国大陆和台湾地区普遍存在。其他一些关于职场精神性和精神领导力的研究已经证明了精神领导力在印度、马来西亚、土耳其和伊朗的普遍性和应用可能性（Ayranci & Semercioz，2011；Jamaludin et al.，2011；Nooralizad et al.，2011；Javanmard，2012）。金恩等（Jeon et al.，2013）证明了精神领导力模型在韩国组织中的有效性。根据杨付、刘军和张丽华（2014）的研究结论，尽管精神领导力理论是在西方文化背景下提出的，但精神领导力理论在中国历史文化背景下也是可以适用的。可见，弗赖伊的精神领导力模型可以在中国组织实践中使用。具体而言，原因如下：

首先，根据之前职场精神性研究者的观点，精神领导力的内涵起源于东方文化（Chen & Li，2013）。具体而言，道家思想中的 "无为" 强调顺应自然、维持和谐，这与精神领导力所强调的基本原则是一致的：在带领下属完成任务的过程中，必须将自己和他人的意愿与自然相协调（Cheung & Chan，2005）。此外，佛家思想中的 "利他主义" "恩情道义""正念""慈悲""智慧""平静"等思想也正是领导者所必须具备的积极精神品质（Avey，Wernsing & Luthans，2008；Brown，Ryan & Creswell，2007；Kabat-Zinn，2000）。

其次，根据内在动机理论，实施精神领导力的领导能够通过满足员工对使命感和归属感等精神性需求，从内在激励他们，并最终形成较高水平的个人和组织绩效。内部人身份感知与高集体主义的中国传统文化密切相连，即具有较高水平内部人身份感知的个人会更愿意牺牲个人利益以达到组织的目标（尹俊、王辉 & 黄鸣鹏，2012）。

最后，已有研究者利用弗赖伊（2003）的精神领导力的三维度模型，验证了精神领导力在中国组织情境下应用的信度、效度和效标关联效度（Criterion-related Validity），发现精神领导力的高阶模型具有较高的结构效度，并指出精神领导力能够显著预测员工角色内绩效和角色外绩效（Chen & Li，2013）。

综上，根据以往研究，精神领导力在中国文化情境下是适用的，可在马克思精神生产理论的指导下，通过满足员工对使命感和归属感等精神需求以提高个人和组织绩效，应用于中国组织文化和人力资源管理的研究及实践。

2.2.4 影响精神领导力的因素

影响精神领导力的因素属于精神性内容，鉴于其复杂且难以有效测度，其研究内容并不丰富。目前国内外还缺乏系统地探讨影响精神领导力的作用因素。

弗赖伊（2008）认为精神领导力的来源是一种积极影响精神领导力的内在生活或正念实践，这是由愿景、希望/信念、利他之爱组成的。赫尔舍格、艾伯茨、范戈尔德和郎思（Hulsheger，Alberts，Feinholdt & Lang，2013）通过对五种成功领导的关键个人素质进行调查，得出结论：与领导力课程（理论指导、技能练习、体验学习）条件下的实验对象相比，正念练习①（Mindfulness Meditation Practice）条件下的实验对象在促进性焦点调节方面显著增强，而特质焦虑和压力方面显著减弱。这也强调了精神因素对关键领导力因素的影响。

金恩等（2013）在一项对修正的精神领导力模型（Fry，2005）进行测试的研究中，证明了该模型在韩国组织样本中的有效性。研究同时证实了内在生活是正向影响精神领导力灵感和洞察力的重要原因，进而正向预测使命感和归属感。反过来，使命感和归属感也正向预测了组织承诺、生产力和生活满意度。

国内现有的研究包括探讨人口学变量、组织变量对精神领导力的影响。张军成和凌文辁（2011）从职场精神性的角度考虑，认为领导者的精神智力可能会对精神领导力的效果产生影响；但他们并没有进行进一步的实证研究。王峥峥（2012）通过实证研究探讨了领导者的性别、年龄、教育程度、工作年限与工作种类等因素对精神领导力的影响；但这种实证研究只能说明精神领导力的实施者具有某种特质，而非此种特质导致了其较高的精神领导力水平。

综上，精神领导力的前因变量主要是个人精神生活，但个人精神生活的哪些方面影响精神领导力，哪些方面影响更强还需要深入的研究。雷夫（Reave，2005）针对150多项研究综述的分析结果表明，个人精神价值观的实践与有效领导之间存在明显的一致性。精神动机（将工作作为一种使命）、精神品质（例如正直、诚实、谦逊）和精神实践（尊重他人，公平对待，表达关心，回应地倾听，欣赏贡献，反思实践）等精神内容在组织层次上影响领导者个人，也影响团队和组织。组织成员应该建立一种组织文化，培养一种被理解和被欣赏的感觉，从而使自己成为组织的一部分（Reave，2005）。对精神领导力的前因变量也应从这些维度来进行相应的研究。

---

① 根据郭嘉珍（Chia－Chen Kuo）和刘财龙（Tsai－Lung Liu）（2019），正念是一种对实践不做评价与接纳态度的技术性后设认知技巧，此技巧包含调节注意力、抑制功能，进而改善个体压力与焦虑状态及影响对目标事物的处理效能。

2.2.5　精神领导力的影响因素

精神领导力影响因素的研究主要集中于人力资源、员工幸福感和生活品质三个方面。以弗赖伊为代表的学者们在不同组织情境下（警察、政府、学校、军队等不同类型的组织背景）开展了大量精神领导力的理论及实证研究。他们的研究证明：精神领导力与组织承诺、工作满意度、利他性、责任心、自我职业管理、销售增长、工作投入、认同、留任、组织公民行为、依恋、忠诚和单位生产力呈正相关，与角色间冲突、挫折、收入操纵和工具性承诺呈负相关（Milliman，Czaplewski & Ferguson，2003；Duchon & Plowman，2005；Fry，Vitucci & Cedillo，2005；Rego，Cunha & Souto，2007；Fry & Slocum，2008；Kolodinsky，Giacalone & Jurkiewicz，2008；Chen & Yang，2012；Chen，Yang & Li，2012；Petchsawang & Duchon，2012；Benefiel，Fry & Geigle，2014）。

基于弗赖伊（Fry，2003，2016）、弗赖伊，维图奇 & 塞迪洛（Fry，Vitucci & Cedillo，2005）、弗赖伊和尼西维茨（Fry & Nisiewicz，2013）等的研究内容，精神领导者对组织愿景的希望/信念能够使其追随者对未来充满期待，基于这些积极的期望，领导者带领追随者们努力追求愿景。带着希望或信念，在一个清晰的、令人信服的愿景驱动下做一件需要做的事，然后产生使命感和目标感，一个人能够有所作为，进而其生命更加完整而有意义。精神领导者还需要建立一种以利他之爱的品质和价值为基础的组织文化。领导者通过其态度和行动为这些价值观提供示范和榜样，这可以创造一种归属感，给人一种被理解和被欣赏的感觉。可见，领导者内在生活实践产生愿景、希望/信仰和利他之爱，通过使命感和归属感产生一种精神上的幸福感，最终对个人和组织的绩效产生积极的影响，如组织承诺、个体生产力和生活满意度：（1）组织承诺——使具有使命感和归属感的人更忠诚，并希望留在能够满足这些精神需求的组织中；（2）单位生产力——更具使命感和归属感的人被激励，促进其工作组织持续改进生产力，以实现组织绩效的提升；（3）生活满意度——使得具有使命感和归属感的人感到更充实，会认为自己的生活更丰富、质量更高。这正是精神领导力对组织和员工有积极影响的三项结果指标。组织承诺对个人和组织都有正向的影响，因为这与员工们的工作满意度、员工留任和组织认同有关；单位生产力是团队和组织效率的中心；生活满意度有利于员工的主观幸福感，并为员工追求相关的组织目标提供动力。

阿哈齐亚胡、奥古斯丁、阿斯瓦和素耶（Ahiauzu，Augustine，Asawo & Soye，2009）对尼日利亚制造业 235 名中、高级组织成员采用横断面调查并得出结论：当组织成员确信他们的组织的愿景、目标和使命能够实现时，就激发了其对组织的责任感和忠诚度。因此他们建议尼日利亚制造业组织应努力激发其成员坚定的希望，以确保他们在工作中高水平的组织承诺。弗赖伊和盖格尔（Fry & Geigle，2014）调查了军事学院的新兴领导者，他们发现，在组织层面的精神领导模式获得了更普遍的支持。他们的研究也支持了一种假设：构成精神领导力的变量（希望/信念、愿景和利他之爱）共同形成一个更高层次的形成性结构，该结构对团队的精神幸福（如使命感和归属感）产生了积极影响。这进一步揭示了精神领导力（通过团队成员的使命感/归属感作为中介）对关键结果变量（包括组织承诺、生产力和两个独立外部评级来源的三种团队绩效测量指标）产生了积极且显著的影响。①

近年来，精神领导力相关实证研究在国内流行起来，并取得了丰富的成果。杨振芳、陈庆文、朱瑜和曾柏森（2016）通过问卷调查的方法研究了精神领导力和员工主动性行为之间的关系，并论证了心理资本和组织自尊在这一关系中的中介地位；这充分说明了精神领导力在满足员工精神需求方面的重要作用。张光磊、周金帆和张亚军（2018）的

---

① 杨振芳，陈庆文，朱瑜，曾柏森. 精神型领导是员工主动性行为的驱动因素吗？——一个多重中介效应模型的检验 [J]. 管理评论，2016，28 (11)：191 – 202.

研究是基于社会认同理论中自我归类和积极区分的原则，他们引入了内部人身份感知、关系人力资源管理实践及角色宽度、自我效能等概念；其研究认为精神领导力通过影响组织内员工的内部人身份感知进而对其主动性变革行为产生积极的作用。万鹏宇，邹国庆和汲海锋（2019）在整合社会学习理论和社会交换理论的基础上，以知识分享作为中介变量，以领导认同作为调节变量，探究了精神领导力对知识型员工创新绩效的影响；其研究表明精神领导力正向影响知识型员工的创新绩效，知识分享在精神领导力与员工创新绩效的关系中起部分中介作用，领导认同正向调节这一作用关系，同时也正向调节知识分享的中介作用。仇勇，孟雨晨，杨旭华（2019）研究了精神领导力对员工创新绩效的积极影响，他们认为领导—成员交换关系和组织认同在这一影响过程中起到了中介作用，并且有三条中介路径存在：精神领导力分别通过领导—成员交换关系、组织认同正向影响员工个体的创新绩效，同时领导—成员交换关系与组织认同还存在链式中介作用。邓志华，肖小虹和陈江涛（2020）分析并指出创始人的精神领导力对组织精神型氛围和组织创造力均具有显著的正向影响力；精神型氛围对组织创造力有显著正向影响力，并且其在创始人的精神领导力和组织创造力之间起着部分中介作用；泛家文化强化了创始人精神领导力对组织创造力的积极影响，也强化了精神型氛围在二者之间的中介作用，即起着正向调节作用。在特别强调亲缘关系的中国文化情境下，精神研究领域引入类似"泛家文化"的这一文化背景变量，对后续中国文化情境下研究精神领导力具有较好的借鉴意义。

综上，精神领导力的影响因素较为广泛，研究成果较为丰富，集中在组织成员的个体精神方面和创新绩效方面。精神方面的内容包括工作满意度、生活幸福感、组织自尊、主动性行为、责任感、使命感、忠诚度等；创新绩效方面包括组织创造力，员工创新、知识分享等。这些研究支持了精神领导力对员工和组织精神引领的积极作用，为在实践中满足组织成员精神需求提供了理论依据。但在这些研究中，对精神领导力影响组织成员精神性和创新性的具体过程研究较少，即较少涉及中介和调节变量的研究，而且其具体的理论依据和实证检验相对匮乏。

2.2.6 精神领导力理论小结

精神领导力是从精神层面对员工进行激励，通过希望和信任建立领导、精神、个人价值之间的联系，并关注追随者的价值体验，通过领导者满足追随者的精神需求来达到更加有利于个体、群体（或团队）和组织乃至社会的结果。作为现代人的主要活动场所，工作组织成为人们获得物质和精神能量的最为重要的来源。在工作过程中，人们成长、成熟、成功，获得更高层次的心理体验。在组织环境中，精神领导力即是员工的灯塔。领导者需要看到员工们对精神需求的要求，并且从精神层面提升自己的境界，通过与员工建立精神上的沟通来建立崭新的、全面的联系，从而在满足员工精神需求的基础上，实现组织绩效和领导目标。

2.3 员工士气

2.3.1 员工士气的含义

"士气"一词出自军事领域，指军队中士兵的战斗意志或战斗精神。对部队中的士气问题进行系统研究始于 20 世纪初期，并已取得相当丰富的研究成果。在经历 20 世纪 20 年代末期经济大萧条以后，士气逐渐由单纯的军队现象成为人们普遍关注的现象，士气的涵义也由军队士气扩展到组织的员工士气。早期员工士气研究通常是为了培养团队关系和员工管理目标的内部化。随着相关研究的深入，员工士气的内容不断扩张。基于不同的理论，员工士气的定义延伸出不同的内容，具体内容见表2-4。

表 2-4 员工士气理论与对应的定义内容

编号	理论基础	观点	内容	代表人物
1	需求心理学	强调士气的个人决定因素	"需求"被看作是产生旨在满足这些"需要"的"驱动"	Mc Gregor, Burling, Auport, Fraser
2	需求层次结构	生理需求被认为是最基本和最具优势的。当得到满足时，"更高"的需求就出现了，这些更高的需求在本质上更具社会性，并且与自我的实现有关	"薪酬"似乎是一种基本需求，当"薪酬"令人满意时，"更高"的自我实现需求就成为主导，而当个人的安全受到威胁、经济激励成为主导时，自我实现需求就会黯然失色	Haire & Gottsdanker
3	"场"论	强调了工作组成员之间相互作用的重要性	积极性和士气的高低是整个工作情况及其许多相互重叠的动态关系相互作用的结果，这些相互关系既涉及个人，也涉及较大社会领域中的较小群体	Elton Mayo, Baehr & Renck
4	组织认同观	组织认同感是个人和组织交互作用的基础和结果。个人对组织的认同感愈高，个人目标与团队目标一致的程度愈高	士气的高低取决于个人目标与团队目标一致的程度，即个人目标与团队目标愈符合时，士气愈高昂；反之，则愈低落	Anderson、Seigel、叶子超

资料来源：根据贝尔和伦克（Baehr & Renck，1958）员工士气定义层次内容与黄瑛、冯妍、装立芳（2015）研究内容整理。

1. 基于个人心理满足的观点

戈顿（Gotdon，1955）认为，士气是在个人需求得到满足后，主体感应到的愉快感受。相对于工作满意通常是指个体对于工作环境特定因素的反应而言，士气则通常指个体对工作团队的满意及热情的态度。鲍尔斯和库珀（Bowles & Cooper，2009）将员工士气定义为基于自信感、有用感和目标感的个体心理健康状态，他们认为士气是员工对组织和目标保持信心的能力。邱国隆（2000）则认为，士气是个人心理需求满意的状态，当个人愈能从工作中获得需求的满足，则显示其具有愈高昂的士气。

员工士气理论基于个人心理满足观点，其中心思想是决定士气高低的关键因素是个体本身需求满足的程度，以及个人对于工作情境的满足程度。

2. 基于需求层次的观点

马斯洛对需求层次这一概念进行了系统的阐述。简单地说，需求层次理论认为，当基本需求得到满足时，支配器官的"更高级"需求就会出现，直到这些需求依次得到完全或部分满足。生理需求（饥饿、口渴、性等）被认为是最基本和最具优势的。当这些基本需求得到满足时，"更高级"的需求就出现了，这些"更高级"的需求在本质上更具社会性，并且更多地与自我实现相关。"薪酬"如果是一种基本需求的话，当"薪酬"令人满意时，"更高级"的自我实现需求就成为主导；而当个人的安全受到威胁、经济激励成为主导时，自我实现的需求就会黯然失色。

3. 基于工作成员相互作用的观点

埃尔顿·梅奥（Mayo Elton）强调了工作组织成员之间相互作用的重要性。他认为，工作和其他人类活动一样，都是不断地将自己与其他个体联系在一起。埃尔顿在1927～1932年针对美国西部电气公司霍桑工厂工作组织成员间相互作用的调查结论中提出，工业企业应注意"社会"动机的存在和重要性，并表明有必要对集体活动的形式展开调研。

卢因（Kurt Lewin）提出的"场"论（Lugenbegov Theory）是较为系统地研究动机内容的理论。"场"的概念虽源于自然科学，用于描述物理量因传递、交换物质、能量、信息而产生的空间作用和变化规律①，但"场"论同时适用于个体和群体的行为模式分析：相互联系、相互作用的个体和团体在一定区域范围内分布形成信息扩散场②。在特定的工作情境或特定的人力资源管理过程中，激励和士气是整个工作过程中许多相互重叠的动态关系共同作用的结果，而不一定是特定激励制度的结果。这些相互关系既涉及个人，也涉及较大社会领域中的小群体③。

4. 基于组织认同的观点

基于组织认同观的员工士气定义的代表观点有：安德逊（Anderson，1996）认为士气是一种组织精神，该精神包括组织目标的达成、组织成员对组织的忠诚度和向心力。西格尔（Seigel，1969）认为士气即是团队精神的体现，能够有效地帮助成员实现组织目标。中国台湾学者叶子超（Tzu-chau Yeh）表示：就组织范围来说，士气体现了一种团队精神，即每位成员都乐意为完成组织目标而努力。④ 朗斯代尔（Lonsdale，2004）将士气定义为在组织团体中通过个人的工作角色与团队成员的交互作用，而形成的一种参与感，这种参与感受源自组织工作对于个人需求达成的满足。此外，约翰斯鲁德（Johnsrud，1996）指出，员工士气包括积极的情绪、兴奋和热情，这些内容增加了员工们对组织的承诺和忠诚。巴特奈克和詹娜（Pattnaik & Jena，2021）将员工士气定义为员工的积极心态，即情绪和态度的混合，这会产生更高水平的能量、精神和意愿，使员工工作提高了组织绩效。员工的士气因其主体表现不同而呈现从高到低的水平。从员工的积极情绪来看，如热情

---

① 许学国，梅冰青，吴耀威. 基于知识属性与场论的空间知识辐射效应研究——以长三角地区为例［J］. 科技进步与对策，2016，33（2）：142-147.
② 邓忆瑞. 基于场论的信息扩散研究［J］. 情报杂志，2008（8）：31-34.
③ 车文博. 西方心理学史［M］. 杭州：浙江教育出版社，1998.
④ 黄瑛，冯妍，裴立芳. 员工士气理论的研究述评［J］. 中国管理信息化，2015，18（4）：116-118.

等,可以明显看出高士气。而低士气描绘了员工的消极情绪,如不满、气馁等。与士气低落的员工相比,士气高的员工更愿意努力工作,并且更致力于组织的目标(Bowles & Cooper, 2009; Kanimozhi & Vinothkumar, 2018)。

虽然学者们研究士气的角度及定义方法有所不同,但是在士气的本质是什么这一基本问题上能够达成共识,即认为士气是志气或干劲。士气的本质是态度,是一种劳动积极性,表现为一种精神状态。工作组织中员工士气是个人与工作团队相互影响的结果,在工作过程中,个人需求得到了满足;当个人能够认同组织目标时,可以达到个人目标与组织目标的和谐一致,这会使个人更愿意为组织奉献,与组织中其他成员加强互助合作,共同追求组织目标的实现。

综合来说,士气被认为是员工的一种精神状态,能够激励员工高效和有效地执行工作。员工士气是一种能够增加工作满意度的个人概念,同时也是一个群体概念,因其描述了员工在一个组织中工作的普遍态度。一个士气高昂的组织有三个最重要的特征:(1)员工在执行任务时的自由和自主权;(2)对超出组织预期目标的员工进行奖励;(3)提供即时关注和解决员工的不满。

2.3.2 影响士气的因素与士气的影响因素

影响员工士气的因素可以分为个体因素和环境因素。

个体因素的研究包括:美国芝加哥大学工业关系中心研究员及心理顾问曼雅(Melany E. Baehr)通过对两组完全不同的样本研究后发现,组织融入、工作满意、直接上司、友好与合作及个人回报这五个因素对产业工人的士气有显著影响(Bachr & Renck, 1958)。西博尔德(Siebold, 1999)等通过收集美国士兵的样本后发现人种、婚否、居住区域等变量与士气均显著不相关。巴顿等(Bartone et al., 2002)通过对挪威海军军官学校的学生强化训练前、训练后的凝聚力、士气进行对比研究后发现，外部压力、成员熟悉性、个人毅力等对样本学生的凝聚力和士气有显著的正向影响，且外部压力对提升整体士气的作用最大。李广平（2005）对教师士气进行研究后认为，从职业卷入的角度来看，教师的性别、学历、职称等因素对其都有显著差异性；而从职业认同角度看，性别对其没有显著差异但职称和学历对其均有显著差异。李春苗（2006）通过探索人口特征与军队士气的关系建立了影响军队士气的模型，并发现：性别对团队精神和战斗信心有显著性差异，军龄对使命意识和组织认同有显著性差异，军衔对组织认同有显著性差异，职务对使命意识和战斗信心有显著性差异，是否为党员对组织认同和工作热情有显著性差异。我国学者顾仰洁（2008）使用实证研究方法对团队氛围影响下的信息异质性与团队关系进行了研究，认为两者呈反向关系。林少培（2003）研究结论却与之不尽相同，在对澳门中小幼教师样本进行统计分析后，他认为性别、受教育程度与教师士气显著相关，而工作年限和职务差异并没有显著影响士气。可见，个体因素会对士气产生影响，但是具体是哪些个体因素产生影响，影响士气的哪些方面，其影响程度如何等问题还需要进行深入研究（黄瑛、曹飞鸿，2013）。

在研究影响士气的环境因素方面，领导方式和领导行为是学者们研究的重点内容；几乎所有的研究都表明领导方式和领导行为是影响士气的重要因素。弗雷德等（Fred et al.，1993）通过考察轻型步兵团的样本后认为，战士感知到领导团队的凝聚力这一变量与其自身的凝聚力、工作认同、工作投入和工作动机都有显著相关关系。格里菲斯（Griffith，2002）使用层次分析法对美国和欧洲 104 个连队进行分析后认为，不论从个体层次还是团队层次，领导的工作支持和情感支持都能够帮助战士的组织认同增加并减少其离开组织的可能性。褚吉瑞（2017）认为领导权威和激励方式对员工士气的提升有直接影响。领导权威是一种非权力性的影响力，是领导者的作风、品质、能力、知识、业绩以及行为榜样等非权力因素对员工产生的影响力。领导权威能够使下属自愿服从，具有无形性和非强制性的特点。我国学者一般使用调查问卷的方法对特定群体（军队、运动员、医护人员等）组织员工进行调研，认为影响组织员工士气的因素包括：工作条件、管理方式、领导行为、工作内容、工作氛围和心理压力等（黄瑛和曹飞鸿，2013）。

尽管士气看不见、摸不着，但却深刻地影响着组织员工的工作行为与工作效率，影响组织整体的工作绩效。托尔诺和威利（Tornow & Wiley，1991）认识到员工对工作的态度与顾客满意度、组织绩效之间存在着较强的正向相关关系；同时员工态度、员工培训、员工服务绩效的奖励与表彰、团队合作、员工赋权等都与顾客服务满意度呈正相关关系（Schneider，Wheeler & Cox，1992；Parasuraman et al.，1994；Hyatt & Ruddy，1997；Schneider & Bowen，1993）。一些研究已经确定了士气和生产力之间的较强相关性（Akintayo，2012）。于是，越来越多的企业开始关注员工士气，并将员工士气视为组织人力资源状况的 "晴雨表"。

根据员工士气的定义，员工士气本质是一种员工的精神状态。使用调查问卷等方法准确刻画员工的精神状态和工作态度等有较大的难度，因此员工士气的相关定量研究较少。而激发士气的因素则是学者们争论的另一主要问题：部分学者认为士气源于个人需求的满足，但这一结论并没有得到广泛的认同。安德森（Anderson）、西格尔（Seigel）、叶子超等人认为组织认同感是个人和组织交互作用的基础，也是个人和组织相互影响的必然结果。组织认同应该是士气产生和激发最根本的原因，也是士气最典型的特征（黄瑛、冯妍、裴立芳，2015）。

综上，因为个体因素影响员工士气的研究相对较少，所以无法准确区分具有某一个体特征与士气之间是否存在因果关系；比如由于职务较高，所以士气较高；还是由于士气较高，所以获得了较高的职务。但学者们一般认同领导行为、工作氛围、精神激励（表彰与认同等）等环境变量对员工士气正向影响作用。但不同组织员工特征不同，影响其士气的因素差异较大。

2.3.3　员工士气的测量与维度

员工士气的测量是评价团队士气水平的首要因素，并直接影响其决定因素的研究。从人力资源管理的观念出发，通过员工士气的测量可以获得员工勤劳意愿、职务满意度、人际关系等变量的数据信息，以便探讨各种现行人力资源管理措施的有效性及提升或者改善策略。具体而言其方法有三种：①观察；②利用统计资料；③面谈或者使用问卷进行态度调查。截至目前应用最为广泛的方法是使用问卷进行态度调查（吴明隆，2010）。

贝尔和伦克（Baehr & Renck，1958）通过对两组不同员工的态度进行多因素分析，得出其中相同的五项基本因素：组织与管理（Organization and Management）、直接监督（Immediate Supervision）、物质激励（Material Rewards）、同事关系（Fellow Employees）、工作满意度（Job Satisfaction）。这五个因素是根据类别得分（相关项目的组平均值）分析得出的，被认为能够代表一般制造业人口中那些影响员工士气的基本因素，并以此来定义和测量员工士气。

之后很多学者对士气的结构维度进行了探讨，从不同维度来描述士气的内容。组织承诺与认同、工作投入、团队精神是提及频率较高的三个维度（李春苗，2006），说明学者们对这三个维度的内容比较认同，同时也表明学者们更多地从士气的本质和内涵来界定士气的结构维度，而不是从士气的影响因素的角度来界定。

在日本，员工士气的调查主要有针对大型企业的《员工态度调查》（简称 NRK）和主要针对中小企业的《社内交流状况诊断》（简称 RCS）。NRK 和 RCS 是根据每个人"满意—不满意"的反馈情况，分区域、分部门、分类型进行统计分析，再将汇总数据作为整体评价标准对团队的员工士气进行测定。调查结果同时也能够体现出员工对企业状况的评价。对于把员工满意度和顾客满意度视为主要目标的服务业企业，这些调查能够为其管理提供重要的参考信息。香川真（2007）应用日本RCS 为基准，对中国某服务企业进行员工士气的调查，包括对经营情况的信赖、对职务的满意、对领导的信赖、对薪水的满意和对顾客的重视五个方面共 40 个题项的内容。

格里菲斯（Griffith, 2010）通过对公立学校的工作人员进行调查并获取数据，统计分析结果表明六个在主成分分析中占比最高的维度因素分别为监管（Supervision）、工作投入（Job Involvement）、工作满意度（Job Satisfaction）、目标清晰度（Goal Clarity）、合作（Teamwork）及培训（Training）。其研究证明：员工士气与员工对工作组织服务氛围的感知程度、员工对客户满意度的感知程度和管理者的实际满意度呈显著正相关关系；同时，工作组织中存在一种可被证明的服务氛围，这种服务氛围与员工士气呈显著正相关关系，并能显著预测员工对顾客满意度和管理者满意度的感知程度。所有维度克隆巴赫系数（Cronbach's alpha）值为 0.84 或更高。此外，各维度总体相关性为中等至高等，范围为0.41 至 0.85，说明该量表统计检测的合理性。

陈怡梦（2007）在总结相关学者研究员工士气维度的基础上，发现学者们将士气的维度划分为需求满意、组织认同、工作投入、团队精神、专业精神、目标意识及牺牲奉献等七项内容。但这些结构内容之间有相互关联性，并不适合作为实证研究士气变量测度的维度内容。目前国内使用较为普遍的员工士气问卷包括员工的组织认同、满意度和工作投入三个维度（王元元、时勘和殷融，2018）。其中，组织认同维度使用沙米尔和卡克（Shamir & Kark，2004）制定的组织认同量表；满意度问卷采纳国内学者卢嘉（2001）开发的满意度量表；工作投入问卷采用沙非力等（Schaufeli et al.，2002）编制的 UWES（Utreeht Work Engagement Scale），问卷包括活力、专注、奉献三个因子，16 个项目（沙非力和时勘，2014）。颜辉德、郭钰娟（2015）以美日跨国公司在中国台湾子公司的全职员工为研究对象，通过理论和实证研究方法证明了和平文化经营理念通过中介变量异文化管理对员工士气的影响。其中员工士气包括组织承诺、品管理念和售后服务三个维度。

鉴于员工士气精神性的本质和具体文化背景的差异，员工士气的调查问卷维度结构和具体项目内容并没有统一。但是从员工士气本质是一种精神或情绪的角度来看，其应包含衡量员工精神性的维度内容。目前组织行为中研究的士气问卷基本来自军队、教育、医疗行业，开发企业组织的问卷，特别是适合当地文化特色的员工士气问卷是未来员工士气相关研究要解决的关键问题。

本书根据之前对员工士气变量测量的研究内容，使用格里菲斯（2010）对员工士气的调查问卷测度员工士气变量，并按各维度重要性排序，选择监管、工作投入和工作满意度三个维度内容。

1. 监管（Supervision）

Supervisor 更多地被译为"主管"或"上司"，根据罗宾斯等（Robbins et al. , 2011）在《Supervision Today（7th Edition）》中的描述，"主管是组织管理团队的一部分，负责监督员工的工作，是唯一不管理其他管理者的管理者"。Supervision 即主管对于员工的监督和指导，这里包括领导从人际关系和纯行政两个方面对员工工作的指挥和认可。领导的指导和认可对于提升员工士气有着重要的影响。

2. 工作投入（Job involvement）

根据李锐和凌文栓（2007）对之前研究的总结，工作投入是指一种与工作有关的积极、完满的情绪与认知状态，具有持久性和弥散性的特点。工作投入对个人的工作绩效、工作态度等行为变量，以及对顾客满意度、生产力、利润率、总体绩效等组织变量均具有一定的影响。工作投入的影响因素包括个体特征因素、与工作相关的因素以及与家庭相关的因素三个方面。

3. 工作满意度（Job satisfaction）

在员工士气维度中工作满意度被界定为人们由于感受到工作本身能

够满足或者有利于实现自己的工作价值需要所产生的某种愉悦感觉（Locke，1996）。工作满意度是员工工作态度的整体表现，是员工对自己所从事工作所产生积极情感的程度，是一位员工对其工作不同层次的平均态度或总态度，而不是指对某一单一层次的态度。

2.4 员工创造力

创造力，即新奇且实用的创意、流程及成果的开发（Drazin，Glynn & Kazanjian，1999）。工作场所的创造力被定义为产生新颖和有用的想法或解决方案（Zhou & George，2001）。创造力在个体、团队和组织等多个层面均有丰富的研究成果。

企业组织处于高度动荡和不确定的环境中，同时面临着激烈的国内、外竞争。为了生存、发展并获取竞争优势，企业组织必须充分发挥员工内在的创造性潜力，因为员工的创造性想法可以作为组织创新、变革和竞争力的基石（Amabile，1988；Woodman，Sawyer & Griffin，1993）。同时，对团队而言，创造力是团队高效和富有生机的重要因素。那些能够产生新的想法并且从不同角度分析工作方式的团队更容易取得成功、成长并且获得较高的客户满意度（Gilson，Mathieu，Shalley & Ruddy，2005）。对个人而言，那些创造新点子、尝试新方法并乐此不疲的人会更满意、更轻松、更健康、更幸福，并且被看作是最成功和最抢手的员工（Runco & Chand，1995）。

按照阿玛比尔（Amabile，1988）的概念界定，员工创造力就是员工在工作中形成的关于产品、流程和服务的、既新颖又有用的构想；这也是被学界广为接受的员工创造力的概念（Hughes et al.，2018；Gilson & Shalley，2004）。根据安德森，克里斯蒂娜和周（Anderson，Kristina & Zhou，2014）对工作场所创造力的描述，员工创造力与员工创新有所不同。虽然两者在本质上是相同的过程但对创造力的研究通常关注创意产生阶段，而创新研究通常也包括创意实施的后期阶段。"工作中的创造力和创新都是试图开发和引入新的或者改进做事方法的过程、结果和产品。这个过程的创意阶段指的是想法的产生，以及随后实现更好的过程、结果或产品想法的整个阶段。创造力和创新可以发生在个人、工作团队、组织的层次上，或者在这些层次中的一个以上的组合中，但是总是会在一个或多个分析层次上产生可确认的利益"（Anderson，Kristina & Zhou，2014）。之后这一区别于创新的创造力概念被广泛传播和引用。但休斯等（Hughes et al.，2018）却指出了这一定义的缺陷。以实际产生的结果和产品来衡量创造力，忽略了没有产生实际成果的创造性想法等内容，并没有描述创造力的本质。之后针对这一缺陷，他们提出："工作场所的创造力是尝试产生新颖想法时所应用的认知和行为过程。具体来说，创造力涉及问题/机会识别、引入、采用或修改与组织需求相关的新想法，以及这些想法的推广和实际实施的一些组合。"可见，休斯等认同工作中的创造力和创新是两个截然不同但密切相关的概念：创造力指的是产生新想法，而创新指的是（随后）引入、修改、促进和实施这些想法的努力。由此，创造力与创新有不同的影响因素和内容。这一定义克服了安德森、克里斯蒂娜和周（Anderson，Kristina & Zhou，2014）创造力定义的缺陷，但也有显而易见的缺点：没有办法对创造力产生的整个过程进行准确地测量。

2.4.1 创造力理论框架

1. 创造力组成理论

阿玛比尔（Amabile）于 1983 年发表了论文《创造力社会心理学：一种组成成分概念》，正式明确地提出了创造力组成理论（Componential Model of Creativity）。该理论认为，创造力的产生都是三个组成成分共同作用的结果。这三个组成成分，包括领域技能（Domain – Relevant Skills）、

创造技能 (Creativity – Relevant Skills) 和工作动机 (Task Motivation), 是创造力产生的必要条件, 它们的共同作用决定了创造力水平的高低。[1]

领域技能, 是指个体在某一领域所具备的、有利于形成各种可能反应的所有相关背景, 也就是指个体进行创造加工的 "原材料"。领域技能包括 (1) 该领域有关的实践知识, 包括事实、原理、范例、解决问题的主要策略、标准等; (2) 该领域的基本技能, 如实验技能、修正技能; (3) 该领域的特殊才能, 如文学天赋、音乐天赋和数学天赋等。领域技能所能达到的水平, 一方面取决于先天的认知能力和感知能力, 另一方面也取决于个体所接受的正规和非正规的教育培养。

创造技能是对创造力水平形成影响最直接、对问题解决最关键, 甚至是具有决定作用的组成成分。它包括 (1) 有利于创造力产生的认知风格; (2) 启发产生新观念的知识; (3) 有助于创造力产生的工作风格。创造技能除了取决于培训之外, 还与创造个性相关。

工作动机包括两个方面: 一是个体对工作的基本态度, 二是个体对其从事工作理由的认知。

同时, 创造大体可为五个阶段, 即提出问题、酝酿准备、产生反应、验证反应和评价结果。

1996 年阿玛比尔 (Amabile) 修正了其创造力成分理论模型, 增加了 "社会环境" 这一组成成分, 旨在强调提供支持的社会环境会直接影响内在动机 (Intrinsic Motivation)、统合外在动机 (Synergistic Extrinsic Motivation), 进而影响创造过程。该修正理论的重要前提是 (工作) 环境通过影响有助于创造力的组成部分来影响创造力, 而创造力是组织创新的基本来源。

2. 创造力交互理论

伍德曼、索耶和格里芬 (Woodman, Sawyer & Griffin, 1993) 提出

① Amabile, T. M. The social psychology of creativity [M]. New York: Springer – Verlag, 1983.

的组织创造力交互观点（Interactionist Perspective of Organizational Creativity）与阿玛比尔（Amabile）修正的创造力组成理论相似，创造力交互理论也强调情境因素对个体创造力的影响，并且认为创造力是个体、团队、组织特征和情境因素之间交互作用的结果。从个体层次来看，创造力是诸如能力、人格、认知风格、相关知识、动机和情境等多种因素交互影响的结果；从团队层次来看，创造力是个体创造性行为、团队特性、团队过程、个体与团队成员的互动和情境因素共同影响的结果；从组织层次来看，创新是个体和团队创造力的函数，个体和团队特征共同影响创造力的产生。创造力交互理论认为情境因素可能增强或抑制创造力，强调情境因素与个人因素的互动。

3. 个体创造力行为模型

福特（Ford，1996）认为，员工会在两种相互竞争的选择之间进行权衡：是具有创造力还是仅仅采取例行的、习惯性的行为。影响这个决定的因素有三个：有意义的过程（Sense-making Processes）、动机（Motivation）、知识和技能（Knowledge and Skills）。个体的创造性行为是这三个因素共同作用的结果，在任何一个因素缺失的情况下，个体都不会从事创造性行为。

创造力理论是较为成熟的研究理论，很多学者从不同的学科、不同的假设、不同的理论前提出发提出了个体、团队、组织多个层次的不同理论内容。这里，本书使用接受范围更广的创造力组成理论作为员工创造力研究的理论依据。

2.4.2 影响创造力的因素

影响组织员工创造力的研究主要包括个体特征（如人格特质、内在动机、创新自我效能感、积极或消极情感等）、组织情境（如工作特征、奖励、领导及同事支持、领导风格等）和个体—情境交互三个层面

（黄艳，2018）。越来越多的学者认为，员工创造力需要同时关注个体特征和情境特征及其之间的交互作用，并为此作出了积极的探索（Oldham & Cummings，1996；Zhou & George，2001）。魏志茹（2020）基于管理学和应用心理学理论，通过对我国组织员工的创造力进行分析，绘制了我国员工创造力的知识图谱。她将影响员工创造力的因素归纳为三个层次：（1）集中于个体层面的内在动机、工作自主性、自我效能感、知识共享、主动性人格、心理安全感等因素；（2）集中于团队层面的变革型领导、谦卑型领导、授权型领导、团队认同、领导成员交换等因素；（3）以及集中于组织层面的创新绩效、绩效管理等因素。近几年，学者们也开始研究社会层面的因素，例如挑战性压力、阻断性压力等对员工创造力的影响。但目前来看，社会层面的相关研究成果还比较少。

影响员工创造力的因素可以归纳为以下四个方面的内容。

1. 情感因素

阿玛比尔等（Amabile et al.，2005）通过对 7 个公司 222 名员工的纵向研究探索了工作情感对创造力的影响。他们发现，员工的积极情感正向影响其创造力，甚至能够预测其当天以及第二天的创造性思维。周和莎莉（Zhou & Shalley，2010）提出情感对于创造力的复杂影响是未来创造力研究的重要方向。他们认为，积极情感和消极情感都可能有益于创造力。他们还进一步指出情感既是影响创造力的因素，也可能是联系着组织情境与员工创造力的中介变量，是组织情境影响员工创造力的心理机制。在中国组织情境下的研究也表明，积极情感对研发人员的创新活动有显著正向影响，在组织支持感与研发人员创新活动之间起部分中介作用（顾远东、周文莉和彭纪生，2014）。

郭嘉珍和刘财龙（Chia – Chen Kuo & Tsai – Lung Liu；2019）的研究发现正念（包括正向信念、接纳包容、静坐放松、专注觉察、管理能量）对员工创造力（包括创造思考能力、整体创造倾向、创新行为、创新成果）有正向影响力。其中管理能力对员工创造力影响最大，其次是专注觉察、正向信念、静坐放松、接纳包容。这项研究为东方文化对员工及领导个人创造力的影响分析开辟了新的方式和内容。

2. 内在动机

内在动机是指员工由于受到任务本身吸引而精力充沛地开展工作，而并非完全是因为完成任务后可能得到的外部结果（White，1959；Ryan & Deci，2008）。阿玛比尔（1988）的创造力组成理论认为外部环境可以通过内在动机来影响创造力，但是极少有研究直接检验内在动机在创造力影响过程中的作用。而且关于内在动机与创造力之间关系，其研究结论也并不一致（George，2007）。

随着研究的深入，学者们逐渐确认了内在动机对创造力的正向影响作用。从理论上，内在动机是影响创造力产生的关键因素（Amabile，1996）。实证研究方面，苏和周（Shin & Zhou，2003）的研究显示，内在动机对创造力具有显著的正向影响，并且在变革型领导对员工创造力之间的正向影响关系中起中介作用。具体而言，变革型领导通过对下属的智力激发和个性化关怀使得下属对任务本身更有积极性，进而表现出较高水平的创造力。此外，穆勒、贡卡洛和甘达（Mueller，Goncalo & Kamdar，2011）的研究结论也认为内在动机与个体创造力正向相关，并且通过个体寻求帮助的行为对创造力产生了积极的影响。裴瑞敏、李虹、高艳玲（2013）在中国情境下的研究成果同样证明了内在动机较高的科研人员具有更强的创造力，更可能获得富有创造性的成绩。而且内在动机在领导风格对科研团队成员创造力正向影响的过程中起中介作用。

3. 工作特征

学者们早已识别出各种可能对员工创造力产生较重要影响的工作特征内容，其中主要因素有时间压力、工作控制、工作复杂性和社会支持（如主管支持、同事支持、家庭或朋友支持等）。这些因素可以调动个体的内在动机，从而对创造力有促进作用（Amabile，1988；Oldham & Cummings，1996）。但较强的时间压力会阻碍创造力（Amabileet al.，1996）。

奥利等（Ohly et al.，2006）在一个以德国高科技公司的278名员工为调查样本的实证研究中指出，工作控制对创造力具有积极的影响，而时间压力与创造力呈现出倒 U 形关系。他们得出结论：在适度的时间压力之下工作的员工才最具有创造力。之后奥利和弗里茨（Ohly & Fritz，2010）利用经验抽样法进行的调查研究进一步指出，较长时间的时间压力通过日常的时间压力对员工日常的创造力产生正向影响，而较长时间的工作控制通过日常的工作控制对员工日常的创造力产生正向影响。此外，多个研究均指出较为复杂的工作更益于员工产生创造力（Oldham & Cummings，1996；Shalley，Gilson & Blum，2000；Baer & Oldham，2006）。

社会支持通常包括工作支持（主要指主管支持及同事支持）和非工作支持（主要指家庭支持和朋友支持），也是影响员工创造力的重要因素。阿玛比尔等（1996）的研究指出主管支持和同事支持均有助于强化员工创造力。马札尔、奥尔德姆和普拉特（Madjar，Oldham & Pratt，2002）的研究发现，除了来自主管和同事的工作支持以外，来自家庭和朋友的非工作支持也能显著地正向影响员工创新绩效。王永丽、张智宇和何颖（2012）以中国文化为研究背景，得出结论为工作—家庭支持包括工作领域支持（组织支持和领导支持）和家庭领域支持（情感性支持和工具性支持），工作领域支持通过工作投入的中介作用影响员工创造力，而家庭领域支持与创造力的正相关关系并不显著。

4. 领导才能

创造力和创新是复杂的、多层次的、突发性的现象，它们会随着时间的推移而向前发展。在其发展过程中，需要有能力的领导帮助将新的、改进的工作方式的优势最大化（Anderson，Kristina & Zhou，2014）。为了促进创造力产生，领导们需要在培育、鼓励和支持创造力方面发挥积极的作用。所以，领导者的主要任务就是确保工作环境的结构、氛围和文化以及人力资源实践（例如奖励、资源、目标和预期评估）能够产生并且确实会产生创造性的结果（Oldham & Cummings，1996；Drazin，Glynn & Kazanjian，1999；Shalley et al.，2000；Mumford，2000；Mumford et al.，2002）。

领导可能会通过各种途径影响员工创造力；例如，领导者对员工创造力的期望会对员工创造力产生积极的影响（Scott & Bruce，1994；Tierney & Farmer，2004）。领导者会通过支持创新的行为表现出对员工创新的期待，当员工感受到这种期待后，其创新自我效能感会增强，进而表现出更高水平的创造力（Tierney & Farmer，2004）。可见，如果有领导者的支持，创造性活动发生的可能性会更高。而领导支持的研究一致认为情境因素与个体特征相互作用，共同影响创造性绩效。因此，领导者需要更了解他们的员工，为其提供适当的支持。① 蒂尔尼和法尔海（Tierney & Farmer，2010）通过一个历时 6 个月的纵向调查研究发现，当员工能够感受到领导期望他们在工作中更富有创造力时，他们的创新自我效能感会增强，并且创造性表现也会随之提升。因此，管理者应该鼓励和支持他们的员工并加强员工培训。

根据休斯（Hughes et al.，2018）关于创造力来源的研究，影响员工创造力的关键领导变量包括：变革型领导、领导成员交换、交易型领导、授权型领导、真诚型领导、仆人型领导等。苏和周（Shin & Zhou，2003）的研究认为变革型领导能够通过智力激发和个性化关怀提高员工的内在工作动机，进而对员工创造力产生积极的影响。同样地，龚、黄和樊（Gong，Huang & Farh，2009）也认为变革型领导通过员工的创新

---

① ［美］米哈里·希斯赞特米哈伊. 创造力：心流与创新心理学［M］. 黄珏苹，译. 杭州：浙江人民出版社，2015.

自我效能感能够间接地对员工创造力产生正向影响。以中国文化情境为背景的研究也发现，变革型领导能正向影响员工心理授权和员工创造力，同时员工心理授权在变革型领导和员工创造力之间起到部分中介作用（刘景江和邹慧敏，2013）。因为员工依赖于领导获取必要的信息、资源及支持以实现自己的创造性构想，通常被认为是建设性或者是较为积极的领导风格（例如，变革型领导、授权型领导、好的领导—成员交换关系）与创造力和创新都是积极相关的（Hughes et al.，2018）。同时，多位学者的研究表明，高质量的领导——成员关系会有助于员工创造力的产生（Scott & Bruce，1994；Tierney，Farmer & Graen，1999；Khazanchi & Masterson，2011）。

另外，与员工创造力有关的调节变量（有的加剧和削弱了积极领导的积极影响，也有的削弱了消极领导的消极影响）包括追随者的属性（例如，个性、动机），领导者的属性（例如性别，对创造力的鼓励），领导者—追随者关系（例如领导—成员交换关系，领导认同）以及团队或组织环境的各个方面（例如组织结构，团队关系冲突）。

在扎卡罗（Zaccaro et al.，2018）的领导力整合模型中，领导特质被划分为基础特质和领导能力两种类型。其中，基础特质是指那些使个体更倾向于寻求担任领导工作的个体属性，这些属性能使个体更易于在领导岗位上采取成功可能性更高行为策略，包括性别、种族、生理特征、人格（正直、幽默等）、认知能力（领导智商、领导创造力、领导威权和领导—成员交换关系）、动机和价值观等。而领导能力则具有一定的可变性，能随领导者所经历的某些活动和经验而改变并发展。领导能力包括认知技能（创造性解决问题的能力、计划、对时间复杂度的理解）、社会能力（领导的情商和情绪）、动机导向（目标导向、自我效能感）、知识和专业能力（专业技术、创造力训练技术）（文晓立和陈春花，2020）。在实际工作中，领导者需要判断不同领导情境所需要的绩效类型并实施特定行为，领导能力反映了领导者对所要展现的特定行为的准备程度。

2.4.3 创造力的影响因素

创造力的实际影响因素可以划分为个人、团队和组织层次三个层次，均产生了丰富的研究成果。根据相关文献内容总结如下。

1. 个人层次

从个人层次来讲，创造力影响的内容包括绩效和情感。

目前，大部分研究都支持创造力和绩效之间的正向相关关系。但是这些研究集中于测试能力培训课程的有效性。在组织情境下，特别是针对不同行业背景的组织，创造力能否引起个人绩效的提升并不容易衡量，与绩效相关的另一个内容是创新。一般来讲，创新指的是新想法或新做法的采用、执行和整合（Amabile，1996；Scott & Bruce，1996；Woodman et al.，1993）。创造力常描述为在认知上产生某些想法，而创新则是新想法在行动上的实施（West，2002）。因此，在逻辑上，我们可以说创造力是创新的一个先决条件（Gilson，2005）。

莎莉等（Shalley et al.，2000）研究发现，如果工作要求的创造力和员工感知到的创造力相符，则员工个体会感受到更高的满意度，离职可能性更小。斯陶克等（Stokoles et al.，2002）以主管人员为调查样本，发现在工作中感知到对创造力的支持与工作满意度有显著的正向相关关系，并且这一感知对工作压力有缓解作用。此外，对创造力的支持在环境干扰、社会关系与工作满意度和压力之间起到了中介作用。

但即使员工的工作与其个性相匹配，与其期望相符合，也不意味着一定能够产生更高的承诺感、积极情绪及组织公民行为。凯斯等（Keith et al.，1999）研究了创造力的消极影响，认为创造力与盗窃、怠工和牟利等一系列消极行为相关联，比如创造性的工作方法并不一定对同事或组织有好处。例如，创造力也可以用来减缓产品流水线作业或者阻碍新产品投入市场。

2. 团队层次

团队层次的创造力研究集中于创造力与团队绩效和顾客满意度之间的关系。

吉尔森等 (Gilson et al., 2005) 研究发现, 如果团队成员彼此鼓励, 尝试采用创造性的方案解决困难问题, 不管他们创造性的方案是否奏效、团队成员是否欢迎变革、团队成员是否愿意采用创造性的方案来解决困难问题, 该团队相对于不鼓励创造力的团队来说, 客观上有更高的绩效水平。在评估中采用的绩效评价指标包括设备可靠性、预算外支出等综合性的测量指标。该研究的结论支持了创造性团队有较高的绩效水平的观点。

对于创造力和顾客满意度之间的关系, 很多学者认为两者之间并没有直接的影响 (Gilson et al., 2005)。萨顿 (Sutton, 2002) 也认为创造性人才并不会在客户面前做出积极的尝试。创造力更多的是一个 "后台功能" (Back Room Function)。吉尔森等 (Gilson et al., 2005) 提出如果团队既采用创造性准则又采用标准化准则的话, 这两个表面上相互冲突的内容却会对顾客满意度产生积极的影响, 即创造力准则和标准化准则程度双高的团队拥有最高的顾客满意度。

研究创造力与团队层次的情感的内容并不多见, 关于头脑风暴的研究可以作为借鉴。萨顿和哈尔加顿 (Sutton & Hargadon, 1996) 研究发现, 团队中的个人相较于独自工作的个人, 其产生的想法会更加令人欣慰和满意。而且, 团队的头脑风暴不在于想法的数量或质量, 而在于在这一过程中产生的情感结果。他们认为, 头脑风暴法之所以有效, 是因为其能够提高使用者和客户的满意度。

3. 组织层次

组织层次创造力的研究大都使用案例分析, 即对一个组织深入分析的基础上。① 野中（Nonaka，1991）描述了日本企业通过鼓励员工创新以提高客户满意度和公司绩效的方法。他认为并不是只有在要求创造力岗位上的员工才需要有创造力，组织所有的员工都需要有创造力。豪威尔和阿伏利奥（Howell & Avolio，1993）发现，对创新的支持（被定义为对创造力的支持以及对差异的容忍）调节了领导行为与组织绩效之间的关系，即当下属们认为工作环境是创新性的，变革型领导所在组织的绩效更高。

2.4.4　员工创造力的测量

根据休斯（2018）的研究总结，对个人和团队层次的创造力研究多数以调查问卷的形式进行。其中，使用最多的是占比37%的周和乔治（Zhou & George，2001）的创造力问卷，占所有研究数量的37%；其次是蒂尔尼，法梅尔和格雷恩（Tierney，Farmer & Graen，1999）的调查问卷，占比17%；再次是奥尔德姆和卡明（Oldham & Cummings，1996）的调查问卷，占比7%。然而，这些问卷并没有区分创造力的度量主体，即度量的创造力来自人、工作过程还是某个产品项目。

在多数研究中员工创造力被视为单维度变量（Zhou & George，2001），也有部分研究者提出员工创造力需要划分为多个维度。例如，斯滕伯格和吕巴尔（1991）认为员工创造力需要结合智力过程、知识、智力风格、个性、动机、环境背景六个维度进行测度；昂斯沃斯（Unsworth，2001）将创造力划分为"员工为什么参与创造活动"和"是什么引发了创造力"两个层次进行分析（张颖，2020）。哈拉里等（Harari et al.，2016）使用元分析将创造力和创新的衡量标准合并为一类，即创造力和创新绩效。他们指出即使将创造力和创新区分开，观察到的相关

---

① ［美］周京，［美］莎莉主编，魏昕等译．组织创造力研究全书［M］//Lucy L. Gilson. 为什么要有创造力：对个体、群体和组织层次上创造力实际成果的回顾．北京：北京大学出版社，2010：229 – 244.

性模型几乎没有差异。

本书关注的是员工个体层次的创造力，因此采用周和乔治（2003）对员工创造力的定义：员工创造力是员工通过表达创造性意见行为，进而产生关于工作过程中所使用的新颖且有用的想法与观点。在实证研究部分，采用最广泛使用的周和乔治（2001）的员工创造力单维度量表。

2.5　信　任

2.5.1　信任的含义

信任的含义复杂多样，在不同领域有不同的定义（Rousseau，Sitkin，Burt & Camerer，1998）：经济学家倾向于把信任看成是可以计算的（Williamson，1993）或制度化的（North & Thomas，1973）；心理学家一般基于委托人和受托人的属性来建立自身对信任的评价，并重视个体属性所产生的一系列内部认知（Rotter，1967；Tyler & Lind，1990）；社会学家们认为信任存在于人与人或机构之间的关系中（Granovetter，1985）。

麦卡利斯特（Mcallister，1995）认为信任行为两种，一种是基于情感的信任（Affect‑Based Trust），另一种为基于认知的信任（Cognition‑Based Trust）。基于情感的信任是指个体之间存在着情感纽带，这种情感纽带需要通过向对方表达真诚关心来建立；它强调共情、亲和以及对他人尊重的融洽关系。基于认知的信任建立在能力、责任、可靠性等与绩效相关关系的认知之上。麦卡利斯特开发了基于情感信任和认知信任的信任概念框架，他认为，当基于认知的信任达到基准水平时，人们更易于与基于情感信任的同事产生情感依恋。也可以说，基于认知的信任正向影响基于情感的信任。

从组织行为角度看，信任是一种对他人的积极态度（Positive Expectations）（Whitener, Brodt, Korsgaard & Werner, 1998）。信任代表了一种期望，即他人会以一种服务于或至少不有害于自己利益的方式行事（Gambetta, 1988）。启发式的信任是一种参考框架，允许保护行动者服务于认知资源（Uzzi, 1997）。

信任包括不同的层次和方面：多层次的信任（个人、团体、企业、机构），组织内部和组织之间的信任，跨学科的信任，信任的多重因果作用（作为原因、结果和调节因素的信任），受组织变化影响的信任，以及新出现的信任形式。在不同的学科中信任都有其共同之处——信任是一种心理状态，是出于对他人意图或行为的积极期待而形成的接受脆弱的意愿。鉴于信任含义的复杂性，本书只讨论基于组织背景下的人与人之间的信任，包括员工对领导者的信任及同事之间的信任两个维度；侧重于讨论员工对领导者的信任。

梅耶尔、戴维斯和肖曼（Mayer, Davis & Schoorman, 1995）提出组织环境下的信任模型包括信任者（Trustor）和被信任者（Trustee），同时他们也区分了信任的影响因素和促成因素，明确了信任模型中风险的关键作用。他们将信任定义为"脆弱的意愿"（Willingness to Be Vulnerable），从而在概念上将信任与受托人感知的能力、善行和诚信区分开来。

麦克奈特等（Mcknight et al., 1998）对梅耶尔等提出的组织环境信任模型进行了扩展，将制度信任引入模型当中，并作为组织环境中风险管理与控制环节的一个重要机制，其主张信任者的个性特征、认知习惯，被信任者的可信任特点，信任背景中基于制度的信任等共同决定了信任者的信任意向。

德克斯和费林（Dirks & Ferrin, 2001）认为信任是多维度构成的复杂的心理状态。他们通过文献研究，说明了信任实现利益有两种不同的方式：主要方式强调信任对重要的组织现象的直接影响，如：沟通、冲突管理、谈判过程、满意度和绩效（个人和单位）等，这是主效应影响。第二个方式——信任的调节促成或阻碍效应之前的研究涉及较少，即通过信任创造或增强条件（如对他人的行为进行积极解释，有助于获得合作和更高绩效等组织结果，可视其为调节效应的促成影响）。他们认为，信任主导的可观察效应可能是一个主要效应或调节效应，需要视情况的强度来确定。[①]

麦克维利、佩罗内和扎希尔（Mcevily，Perrone & Zaheer，2003）认为在研究信任问题时，学者们均以不同的方式对其进行研究，意在解决不同的组织问题。他们重新将信任定义为一种组织原则（Organization Principle），通过将心理学、社会学的微观基础与环境的宏观基础建立联系，从而构建了一个综合框架，希望能够通过该框架整合组织的信任问题。在承认组织生活有限合理性和不确定性的基础上，信任通过两种主要的因果通路（Causal Pathways），包括结构（Structuring）和动员（Mobilizing）运作影响组织的两大属性：交互的模式和流程，以约束个体进行协调工作，具体内容见表2-5。

表2-5　　　　　　　　　　信任对组织影响的综合框架

因果通路（Causal Pathways）		组织性质（Organization Properties）
结构（Structuring）	⟶	模式（Patterns）
迁移能力（Transferability）	⟶	密集性（Density）
生成能力（Generative capacity）	⟶	多面性（Multiplexity）
延迟互惠（Delayed reciprocity）	⟶	稳定性（Stability）
角色分化（Role specialization）	⟶	非冗余（Nonredundancy）
动员（Mobilizing）	⟶	流程（Processes）
披露和筛选（Disclosing and screening）	⟶	知识共享（Knowledge sharing）
识别（Identifying）	⟶	承诺（Committing）
悬置判断（Suspending judgment）	⟶	安全防护（Safeguarding）

资料来源：Mcevily B，Perrone V，Zaheer A. Trust as an Organizing Principle [J]. Organization Science，2003，14（1）：91-103.

[①] ［美］克里斯托弗·彼得森. 积极心理学 [M]. 徐红，译. 北京：群言出版社，2010.

巴赫曼和查希尔（Bachmann & Zaheer，2006）将信任定义为在风险条件下，一方依赖另一方（即个人、团体或组织）的决策。信任的建立遵循一种渐进模式：可以先在较小范围内进行信任，观察信任是否得到维护或违背，然后再谨慎地、逐步地进行信任。他们认为信任既有层次性，同时又是一个动态结构：人际信任会随着时间的推移而发展成为群体间信任，最终扩展为组织间信任。人际信任、群体信任和组织层面上的信任存在一种双向互惠关系。

韦尔特（Welter，2012）将信任区分为微观、中观和宏观三个层次，具体内容见表 2-6。

表 2-6　　　　　　　　信任的微观、中观和宏观层次内容

形式	层次	对象	来源
个人信任	微观	关系、个人	情绪、意图、善意、善心、个性、经验、知识、能力
集体信任	中观	社区（如亲属、种族、职业）或团体（如网络、公司、协会）行业	团体特征、信息、荣誉、推荐认证、行业标准
制度信任	宏观	文化规则（如规范、行为守则及价值观）、正式条例（如法律、认证、许可证）、商业基础（如商业法庭、行政管理、金融机构）政府）	

资料来源：Friederike Welter. All you need is trust? A critical review of the trust and entrepreneurship literature［J］. International Small Business Journal，2012：1-20.

2.5.2　影响信任的因素

虽然信任的概念多种多样、各不相同，但不同学科对于产生信任要达到的标准条件认识较为一致——风险。在心理学、社会学和经济学研究中，风险均被视为信任的一个必要的条件（Williamson，1993）：风险创造了信任的机会，从而导致冒险。当预期行为具体化时，冒险也会增强信任感（Das & Teng，1998）；如果在完全确定或者是没有风险的情

况下采取行动，也就不需要信任了（Lewis & Weigert，1985）。

麦考利和库纳特（McCauley & Kuhnert，1992）认为，工作场所信任是一个由横向内容与纵向内容两部分组成的多维度结构。横向信任是指员工与其同事之间的信任关系，而纵向信任是指员工对直接领导、高层管理人员及下属的信任。这两种信任关系实际上都反映了一种人际或二元形式的信任，但只有对高层管理人员的信任是例外。因为对于大多数员工来说，信任高层管理者更多的是基于这些高层管理者做出组织决策的结果，而不是基于他们的性格、言论等直接个人经验和行为。

梅耶尔、戴维斯和肖曼（Mayer，Davis & Schoorman，1995）对受托人即被信任者的特质进行了文献梳理，他们认为受托人应具有才能、仁爱和正直这三大特质。尽管信任水平是受这三个因素影响，但信任的结果也取决于相关环境因素（Schaubroeck，Lam & Peng，2011）。

2.5.3　信任影响的内容及作用方式

员工对管理者的信任会产生较广的影响，其中与工作相关的内容包括绩效、离职意愿、组织承诺、工作满意度、组织公民行为、合作和知识分享等（Ferrin & Dirks，2003；徐海波和高详宇，2006；Ferrin，Dirks & Shah，2006；李宁，严进和金鸣轩，2006；Cremer & Tyler，2005）。

德克斯和费林（Dirks & Ferrin，2001）认为主导信任的可观察效应可能是主要效应或者调节效应，具体视不同情况的强度而定。理论上，信任可能通过主要效应与调节效应同时作用。

主要效应是信任对各种行为和绩效的影响，例如沟通和信息共享、组织公民行为、努力、冲突、谈判行为、个人绩效和组织绩效。在上述研究中，除了信任对组织公民行为和个人绩效的影响被证明有较强的显著性外，对其他方面的影响并没有强有力的证据。因而，德克斯和费林得出结论：态度和情绪并不太可能是工作行为和表现的直接影响因素。

而信任的调节效应通过个人如何评价对方的未来行为、过去行为来调节决定因素对结果的影响。信任通过调节效应的影响，减少了一些不确定性和模糊性。对调节效应的研究证据来自各种情境，包括主管—下属关系、工作小组、谈判双方和社会困境。结论是有两种截然不同的方式可以使信任以调节效应方式运作：较高的信任水平增加了决定合作的因素产生有利结果的可能性，较低的信任水平会降低这种可能性。

叶仁荪、倪昌红和廖列法（2016）研究了信任领导与群体离职意愿之间的关系。他们的结论是工作群体对管理层的能力、正直和善意的信任都会降低全体人员的离职意愿。在这一过程中，群体心理安全感起中介作用。可见，管理层被员工接受和信任对组织留住人才非常重要。

2.5.4　信任的测量

麦卡利斯特（Mcallister，1995）将情感信任和认知信任作为信任的两个维度，他从员工角度评估研究对象对其领导和同事的信任水平。使用"我们有一种共享关系；我们可以分享我们的想法、感受和希望"等五个题项的单维度问卷来衡量情感信任，采用"这个人以专业和奉献的态度对待他/她的工作"等五个题项的单维度问卷来测量认知信任。其报告的基于情感的信任和基于认知的信任测量的克朗巴赫 α 系数分别为 0.89 和 0.91，说明该信任问卷信度较高。

尼汉和马洛（Nyhan & Marlowe，1997）开发的针对个人层面的信任调查问卷包括员工对领导的信任和员工对组织的信任两个维度。其中员工对领导的信任包括"我对——（领导）技术上能够胜任他或她工作的关键因素的信任程度为——"等 8 个题项，员工对组织的信任包括"这个组织会公平对待我的信心是——"等 4 个题项；均采用从 0 到 100% 不同的数字范围选项。在七个组织共 700 多个人的测试中，问卷的信度、效度、稳定性都非常好。这也是较为广泛被引用的信任问卷。

科斯蒂根和伯曼（Costigan & Berman，1998）使用麦考利斯特

（Mcallister，1995）的研究量表分析了工作场所中横向信任（员工及其同事之间的信任关系）、纵向信任（员工对直接领导的信任）和制度信任（下属对高层管理人员的信任关系）。其研究发现，员工对领导和同事的情感信任与员工的工作场所行为评分有显著的相关性；员工的制度信任与其感知组织奖励实践有效性及其离开组织的意愿都有显著的相关性。

王雁飞和朱瑜（2012）构建了信任、组织社会化、知识分享和创新行为的理论关系模型，并通过实证研究证明它们之间相互影响的关系。研究中对信任的测量主要借鉴了尼汉和马洛（Nyhan & Marlowe，1997），及科斯蒂根和伯曼（Costigan & Berman，1998）的观点并根据中国企业的具体实际情况进行了修订。王雁飞和朱瑜使用的信任量表从对组织、主管和同事的信任三个维度测量"信任"变量。

本书关注领导对员工的积极影响，因而在研究信任问题时，选择了员工对直接领导的信任作为信任变量的测试内容。虽然员工对领导的信任也受个人情感、公司制度背景等因素的影响，但还是将员工对领导的信任与对组织的信任作为不同的内容来看待。

2.6　理论内容关系小结

本书主要研究精神领导力理论对员工的影响，包括影响内容和影响路径两方面。理论模型设计从自我决定理论出发：从外在动机角度说明领导对员工的影响，从内在动机的角度说明精神激励对于员工的影响。在外在动机和内在动机的共同作用下，员工对领导者产生较为信任的态度，领导与成员形成了较高层次的工作关系；这种良好的工作关系会增进员工的工作表现，具体表现为员工士气和创造力的提升，进而提升组织绩效、组织精神和文化建设水平，形成组织内较高层次的职场氛围。这是组织可持续发展的动力来源。各理论内容的关系具体见图 2 - 2。

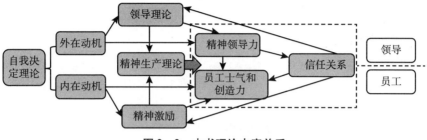

图 2 – 2 本书理论内容关系

    领导者精神素养的提升，会正向影响精神领导力，进而影响员工士气，有效提升职场精神性内容；职场精神性的提升会形成组织独特的工作氛围和竞争优势，有利于组织应对复杂多变的经营环境。

第3章

研 究 假 设

本章根据前述理论内容关系，分析研究变量之间的关系，建立研究假设。这些研究假设包括变量之间的关系以及变量与变量的各个维度之间的关系。

3.1 精神领导力与信任领导

领导者如果拥有令人信任的特质，可以提高其工作绩效（Bass，2009）。因为下属会特别关注领导者的行为以及对领导者行为做出反应（Tyler & Lind，1992），所以领导者的行为在建立和摧毁高人际信任中均起着至关重要的作用（Walumbwa & Chaubroeck，2009）。因此，领导的行为和反应会直接影响下属的安全感知、行为和判断。

在我国组织中，管理者的某些特质（如道德品质、家长式作风等）对员工的心理与行为有着较为深刻的影响（Zhu & Akhtar，2014）。具有精神领导力特质和行为的领导者可以从精神层面满足员工需求，对员工愿景、希望、利他之爱三个维度上实施激励，进而增强员工对自身、领导和组织的信心。

因此，提出研究假设1：精神领导力对信任领导有显著的正向影响。

3.1.1　愿景与信任领导

柯克柏特里克和洛克（Kirkpatrick & Locke, 1996）研究指出，当领导者在沟通与质量相关的愿景时，员工们会认为其更加有魅力，也更值得信任。济和戈沙尔（Tsai & Ghoshal, 1998）认为，组织成员如果有共同的目标和价值观，则相互信任的程度更深。加德纳（Gardner, 1999）发现，如果领导者在愿景沟通的过程中使用了多种修辞手法，或者采用了强愿景沟通方式（如在愿景沟通中使用肢体语言等）时，员工会认为其魅力更大，产生的领导效能会更高。可以认为，领导者对组织愿景的阐述、理解及相关行为会增强其领导魅力，加深员工对其信任。

因此提出假设 1.1：精神领导力的愿景维度对信任领导有显著的正向影响。

3.1.2　希望与信任领导

彼得森和路桑斯（Peterson & Luthans, 2003）研究发现，与低希望的领导者相比，组织内高希望的领导者的工作绩效、下属留任率和满意度结果显著更好。斯奈德等（Snyder et al., 2002）认为希望是可以通过领导者与充满希望和积极响应的行动者之间长期互动来实现，也可以认为领导者的希望状态能够正向预测员工的希望状态，这有利于组织绩效。员工充满希望、组织绩效较好都能够使员工增加对领导者的信任，并增强对自身及对组织的信心。

因此提出假设 1.2：精神领导力的希望维度对信任领导有显著的正向影响。

3.1.3　利他之爱与信任领导

如果说愿景和希望能产生较高的信任水平，那么利他之爱能够产生较高的信任水平也在情理之中。具有利他之爱的领导，会更多地为员工的工作和生活考虑，为其提供帮助，从而使员工在情感上对其信任；这种情感信任会促使组织内形成较好的工作氛围，也有利于员工对领导认知信任的增加。"知遇之恩"正是利他之爱与信任领导的完美说明。

因此，提出假设 1.3：精神领导力的利他之爱维度对信任领导有显著的正向影响。

3.2 信任领导与员工士气

作为组织氛围的核心概念，信任是领导者提高组织有效性最直接、最经济、最高效的途径（曹科岩，龙君伟和杨玉浩，2008）。韦慧民和龙立荣（2009）的论文支持了领导者认知信任对员工任务绩效和组织公民行为的正向影响作用。他们认为领导者的情感信任既直接影响员工的任务绩效和组织公民行为，也能通过情感承诺间接影响任务绩效和组织公民行为。这印证了"滴水之恩涌泉相报"的责任感。

当追随者们相信其领导者的能力、正直和仁慈时，其更容易信任并愿意从事冒险行为（Mayer et al.，1995）。相反，当个人认为领导者缺乏诚实、正直、公平和能力时，他们更有可能考虑辞职，因为担心领导者可能会做出不利的决定，不想把自己置于风险之中（Dirks & Ferrin，2002）。因此，阿伏利奥等（Avolio et al.，2004）认为领导的信任与追随者的积极态度相关联，而积极态度又与积极行为相关联。可以认为，对领导者的信任与员工的积极行为正向相关。

因此，提出假设 2：信任领导对员工士气有显著的正向影响。

3.2.1 信任领导与监管

如果员工对领导比较信任，会认可其领导风格，对其做出的监管和指导的内容感觉正确并更愿意遵照执行。如果遵照领导的指导完成工作且得到了更加积极的结果，也会增加对领导的信任，形成较好的工作关系。

因此，提出假设 2.1：信任领导对员工士气的监管维度有显著的正向影响。

3.2.2 信任领导与工作投入、工作满意度

对管理者的信任能够建立良性的社会交换关系，并回馈以更积极的态度、更好的工作行为和表现（Colquitt，Scott & LePine，2007；Dirks & Ferrin，2002），而这些行为和表现会提升组织绩效，形成良性循环。屠兴勇、张琪、王泽英和何欣（2017）研究探讨了组织信任氛围对员工角色内绩效的影响机制，证明了内部人身份认知在其中的中介作用以及心理安全感的调节作用。对直接领导的信任——包括情感信任和认知信任，都能够促使员工产生更为正向的工作态度和行为（杨晓、师萍和谭乐，2015）。

因此，提出假设 2.2：信任领导对员工士气的工作投入维度具有显著的正向影响和假设 2.3：信任领导对员工士气的工作满意度维度具有显著的正向影响。

3.3 信任领导与员工创造力

由于员工创造力受个体、团队、组织多层次因素的影响，具有不确定性和模糊性等特点；而且即使员工提出创意，也不一定就会被组织认可和接受（Zhou & George，2001）。而如果组织的领导可以表现出对员工创造力的支持或者鼓励，则可以有效降低创造力的模糊性，并使员工及时地感受到发挥创造力的积极结果；这会激发员工的创新

和创造力行为。

麦考利斯特（McAllister，1995）认为信任是基于被信任方的个人实力和可靠性而形成。由于信任，个体会主动增加与被信任方的沟通与交流；在这种沟通与交流的过程中，就会激发个体创造力。克莱格等（Clegg et al.，2002）发现，当信任员工，并让他们分享创造力的好处时，员工们会提出更多的建议；但这种类型的信任对创造力想法的实施影响很小。另外，当员工们相信其组织会听取他们的意见时，他们在创造力想法的实施上会做得更好。

李云和李锡元（2017）认为个人—主管深层次的相似性感知会激励员工做出更多的创新行为，而这种相似的认知来自彼此之间的信任。如果彼此间信任程度较高，主管的某些行为就会潜移默化地对员工产生影响，员工们也会自然而然地效仿主管的思维方式和行为方式，进而面对同一件事物时会产生类似的感知。李宏利等（2018）构建了影响创造力的三维交互模型，通过模型研究发现，当组织行为授权和风险偏向位于较高水平时，领导情感信任与员工创造力之间的关系表现出更高的正向相关性。闫春和黄绍升（2020）使用采用元分析技术对中外企业组织的人际信任与员工创造力关系的文献进行分析，得出结论：人际信任总体上能够有效激发员工创造力，但由于信任主体和方向不同，对员工创造力促进作用的强度有所不同。在东方文化、国家发展水平较低的背景下，人际信任对员工创造力的作用强度均分别高于西方文化、国家发展水平较高的背景。

因此，提出假设3：信任领导对员工创造力有显著的正向影响。

3.4 精神领导力与员工士气

根据领导力理论，领导的特质、行为和情境均会影响员工绩效。领导者只有使员工认识到组织关心并重视其个体需求，员工们才会将自己视为一个"内部人"（Cheng et al.，2002）。这种内部人的意识使员工有机会获得来自领导者、组织正式系统之内或以外的各种帮助和支持（这些帮助和支持将会是员工职业发展的关键驱动因素，尤其在我国这种典型的关系导向社会背景之下）（杨付，王桢和张丽华，2012）。具有精神智力的领导者（SQL，Spiritually Intelligent Leaders）有意识地使用自我意识（Self – Awareness）、普遍意识（Universal Awareness）、自我约束（Self – Mastery）以及社会约束（Social Mastery/Spiritual Presence）四种基本技能，使其保持专注和有效地激励员工，从而解决员工士气低落的问题（Hyson，2013）。孙毓蔚（2013）认为领导者的精神激励存在正、负两面性：正面的精神激励包括表扬、赞美、肯定、赏识、器重、信任、尊重、认同以及赋有挑战性的工作等，负面的精神激励可称为精神惩罚，包括批评、责难、抱怨、排斥、否定、轻视、冷落、不信任等。正向的精神激励会使被激励者的情绪高昂、精神振奋，能令被激励者向着组织预期的目标进发；负向的精神激励会令被激励者垂头丧气、低沉懊恼，如使用不合理，往往会适得其反，使被激励者加重逆反心理。精神激励的边际效用是递增的，而物质激励的边际效用是递减的，两者必须达到最佳组合才能对员工激励效果产生最大影响。其研究内容支持了精神激励与物质激励一样对员工士气有显著影响，同时也说明了正向精神激励的积极作用与负向精神激励的消极作用。杨付、刘军和张丽华（2014）研究证明，精神领导力是员工职业发展的"航标灯"，对员工职业发展起着指示和推动作用。沃森、库菲尔和杜尔（Watson，Kuofie & Dool，2018）采用精神智力自评量表（SISRI – 24）测量领导者的精神智力水平，采用智力、社会和情感的敬业度量表（ISA）测量员工的敬业度（Employee Engagement）。通过问卷平台对两家机构的71名个人进行了调研，他们发现领导者精神智力水平的高低对其直接下属参与更高级别工作的意愿，以及随后他们对工作的感受有显著的影响，即领导者的精神智力对员工敬业度有显著的正向影响。普泰西克和杰娜（Pattnaik & Jena，2021）的研究认为，一个积极的组织文化应包括共同的愿景、目标、信念和价值观，这样的组织文化可以改善团队合作，提高员工士气，提高生产效率以及员工的留任率。

以上研究说明领导者的精神智力和精神领导力，会对员工士气、归属感、敬业度、绩效等内容产生积极影响。因此，提出假设4：精神领导力对员工士气有显著的正向影响。

3.4.1 愿景与员工士气

从现有资料来看，愿景的结果变量涉及对领导力的评价、员工心理与行为以及员工绩效三个方面。文献研究认为，愿景能够改善员工对于领导的评价，使其认为领导更加有魅力、更值得信赖，领导效能更高。对于愿景与组织承诺之间的关系，有的学者认为愿景沟通与组织承诺正向相关（Kohles et al.，2012；Kohles et al.，2013）；也有研究表明，愿景与情感承诺无关，而与持续承诺呈现显著的负相关关系（Rafferty & Griffin，2004）。

柯克柏特里克和洛克（Kirkpatrick & Locke，1996）的研究表明，就个体层面而言，沟通关于质量的愿景将有助于提升员工绩效的质量。之后，柯克柏特里克（2002）基于动机理论研究了组织层面的愿景。他对不同公司的愿景内容进行了文本分析，并得出结论：当公司愿景流露出较多的权力要求时，愿景对组织绩效产生显著的正向影响；而当愿景内容流露出较多的归属需求时，愿景可以显著地预测组织绩效。克勒等（Kohles et al.，2012）的研究表明，愿景沟通与主管评价的员工绩效呈显著正向相关性；同时愿景型领导能够对员工的工作满意度产生显著的正向影响。斯塔姆等（Stam et al.，2014）从理论上阐明了愿景沟通通过员工的"集体可能自我"来影响员工的愿景追求行为，并说明了其具体路径机制：领导在愿景沟通中表达的信息内容被员工内化，并在其自身的脑海中形成关于集体的画面，从而产生"集体可能自我"；这进一步地引发目标导向行为，从而影响员工愿景追求行动的持久性和灵活性。卡顿、墨菲和克拉克（Carton，Murphy & Clark，2014）利用文本分析的方法，深入研究了领导人在沟通愿景时使用的修辞方式对绩效质量的影响。他们发现，有效的愿景沟通方式（包括形象、生动地描绘出未来的画面，流露出少许与价值观有关的信息）能够促使员工在脑海中建立共同的未来情景，进而提高员工之间的协作水平，并产生更高质量的绩效。

可见，愿景会对员工协作、满意度和组织绩效产生积极影响。因此，提出假设4.1：精神领导力的愿景维度对员工士气具有显著的正向影响。

3.4.2 希望与员工士气

雷戈等（Rego et al.，2009）认为希望表现为一种积极的、充满激励的状态，是一种基于互动衍生而形成的成就感，包括能动（Willpower，目标导向的能量）和路径（Waypower，达成目标的计划）。其中，能动是设定现实但更具挑战性的目标，之后用决心、精力和内部化控制的意识专注于这些目标；路径是指人们能够在原路径受阻的情况下，通过生成替代路径以达到目标。只有这两者结合才能产生较高的希望，二者缺一不可。本书使用的希望维度概念是基于弗莱（Fry，2016）对希望的定义，他强调希望是一种积极的心理能力，也认同领导的希望状态对员工具有影响能力。

斯奈德等（Snyder et al.，2003）的研究认为希望是可以通过与一贯充满希望和积极响应的行动者的长期互动来培养的，他们认为领导者的希望状态能够正向预测员工的希望状态。充满希望的领导者不仅应该有精心制定的计划和目标，还应该有明确的替代路径。这样，即便在面临障碍时，他们可以使用替代的行动路线。一个具有强烈"路径意识"的领导者将障碍视为机遇而不是威胁，并寻找解决障碍的替代方法，以实现预期的结果（Luthans，VanWyk & Walumbwa，2004）。彼得森和路桑斯（Peterson & Luthans，2003）发现，与低希望的领导者相比，高希望的组织领导者的组织绩效、下属留任率和满意度结果显著更好。

阿哈齐亚胡和阿斯瓦等（Ahiauzu & Asawo et al.，2009）分析了尼日利亚制造业中 235 名中、高层组织成员样本内容，数据分析的结果表明，"希望" 与员工承诺的衡量指标——包括情感承诺、持续承诺和规范承诺之间均存在显著的正相关关系。"坚定不移的希望" 导致员工的情感承诺和规范承诺高，而持续承诺低。随着组织成员对实现组织愿景、目的和使命的信念感增强，他们对组织的责任感和忠诚感也会大大增强。

因此，提出假设 4.2：精神领导力的希望维度对员工士气有显著的正向影响。

3.4.3　利他之爱与员工士气

目前，使用传统激励方式对员工激励的效果已经越来越弱，员工更加在意工作中是否得到尊重和自我实现。随着职场精神性、精神领导力研究的兴起，利他之爱的领导对员工的激励逐渐受到重视。精神领导者与其追随者之间的关系表明，建立在利他之爱基础上的领导能产生一种归属感，这种归属感对员工的组织承诺、生产力和生活满意度都有积极的影响。

亚历山大·希亚姆（Alexander Hiam）从芝加哥苏尔康咨询与研究公司（Surcon International of Chicago）获取了调查数据，经他研究，结果表明：当领导者能为员工考虑，善于倾听、精于沟通、平易近人、重视员工情感时，员工的激励程度就会很高。同时，从长远来看，尊重关心和认真的工作计划这两种方式的效果，大大超过了其他常规的激励方式。[①] 莱瑟姆（Latham，2014）通过对 14 位成功领导了组织变革并获

---

① ［美］Alexander Hiam. 激励员工：鼓舞士气之道 ［M］. 王予和，王舒娟，译. 上海人民出版社，2002 年。

得了马尔科姆·波德里奇国家质量奖（Malcolm Baldrige National Quality Award）的 CEO 进行深度访谈，建立了一个从顶部引导组织向卓越性能转变的框架（LTPE）。莱瑟姆发现，在成功转型的过程中，领导者的个人特征是正直、谦逊和自信。这种正直和诚信是团队合作的关键。谦逊、尊重员工和赋权的结合形成了一种重视和欣赏员工的文化，这有助于提高整个组织的绩效。普泰西克和杰娜（Pattnaik & Jena，2021）针对疫情期间远程办公的研究认为，正念是吸引员工、提升员工士气和绩效的一个关键因素。

因此，提出假设 4.3：利他之爱对员工士气具有显著的正向影响。

3.4.4 精神领导力与监管

员工士气的监管维度侧重于领导对员工的指导和培训等内容，反映了领导与员工的直接关系。本书中采用的问卷内容包括"我的领导鼓励我想出新的、更好的做事方法。"等 15 个题项，大多题项与工作质量、是否能够及时获得领导的指导与帮助相关。如果能够及时获得领导的指导与帮助，员工会更加积极有效地完成工作，也会更加认同组织愿景和目标。精神领导力是通过精神引领，将员工的个人目标与组织目标相连。对员工进行指导与培训等，能够使员工更好地完成工作，满足其精神需求。

因此，提出假设 4.4：精神领导力对员工士气的监管维度有显著的正向影响。

3.4.5 精神领导力与工作投入

有证据表明，职场精神性可能有助于解释显性（资源）和主观（伦理性增加）经济收益（Zinnbauer，Pargament & Scott，2001）；即那些把工作看作是一种精神上进步手段的员工，对比那些仅仅把工作看作一种获得薪水手段的员工而言,更有可能付出更大的努力。在精神领导力的影响下,员工在精神上获得认可与尊重,他们更愿意将工作视为自我实现的要求,而非单纯的谋生手段,会愿意将更多的时间和精力投入到工作当中去。

因此,提出假设 4.5:精神领导力对员工士气的工作投入维度有显著的正向影响。

3.4.6 精神领导力与工作满意度

洛克(Locke,1976)研究了影响员工满意度的激励因素,认为主要包括组织公平、薪酬福利、工作内容和职场环境四个内容,这为员工满意度研究奠定了基础。

科洛丁斯基、贾卡洛内和尤特基维茨(Kolodinsky、Giacalone & Jurkiewicz,2008)发现,组织精神性与工作投入、组织认同和工作奖励满意度呈正向的相关关系,与组织挫折感呈负向的相关关系;个人精神状态与内在、外在和整体工作报酬满意度均呈正向的相关关系;个人精神性与组织精神性的交互作用与总工作报酬满意度有关。赵晨、高中华和谢荣艳(2017)认为知识型员工主要依靠隐性的知识创造价值,这种价值很难单纯地以物质报酬来衡量和激励。而当他们所获得的物质报酬不能很好地体现自己这种价值时,如果没有及时加以非物质激励,他们的工作满意度将会降低。

目前,国内的很多研究集中于对知识型员工的激励,研究得到的结论多为对知识型员工应该更多地进行精神激励和引导,满足其自我实现的需要,从而激发员工的创造力,达到更高的组织目标。精神领导力愿景、希望和利他之爱三个维度会改善组织成员关系和工作氛围,能够满足员工自我实现的要求,也能够提高其工作满意度。

因此,提出假设 4.6:精神领导力对员工士气的工作满意度维度有显著的正向影响。

3.5 精神领导力与员工创造力

目前的研究已证实，领导力和领导行为都可以影响员工创造力。领导的积极行为有助于激发及增加员工创造力，不同类型的领导行为对下属创造力的影响路径以及作用方向会存在差异（Shalley & Gilson，2004）。

芒福德（Mumford，1995）研究表明，领导是影响员工创造力的重要因素。发挥员工的创造力会对现有产品、服务或流程提供新见解，甚至会颠覆传统观念。所以，员工们需要一种内在、持续的动力来激励自己，以便更好地发挥其创造力。在这一过程中，如果领导者能够关注并期待员工具有创造力，那么领导们需要建立一种鼓励冒险、避免不确定性的环境。这被称作是建立员工们在心理上感到安全的一种文化氛围，这样他们才不会因为提出新想法或者打破传统而受到指责或惩罚（Blake & Mouton，1985；Edmondson，1999）。精神领导力能够为员工们提供精神支持和内心动力，激发他们更强的内在动机和责任心来参与创新活动。尽管创新活动具有开创性、超前性、风险性和挑战性，但具备精神领导力的领导们能够给予员工精神、心理、情感和工作等多种帮助，以其强大的精神力量为员工创新活动提供内在支持和精神动力，这有助于他们在提出创新想法或进行创新活动时克服恐惧，舒缓员工的压力、焦虑等负面情绪，提升员工对创新活动的信心和热情。阿玛比尔等（Amabile et al.，2005）研究发现，组织中个人创造力的发挥与领导的鼓励支持呈显著正向相关关系。潘迪（Pandey，2008）的研究发现，精神领导力对团队创新氛围有着显著正向影响。罗林斯和弗赖伊（Rollins & Fry，2013）的研究显示，精神领导力正向影响 IT 项目人员的组织承诺、生产率、创造性和项目绩效。

一些研究人员发现，变革型领导与创造力正向相关（Bono & Judge，

2003；Shin & Zhou，2003；Gong et al.，2009）；也有研究者发现，只有在追随者的心理授权程度较高时，变革型领导才能对创新行为产生积极的影响，而交易型领导却正好相反（Pieterse，Knippenberg，Schippers & Stam，2010）。赫斯特，迪克和金彭贝格（Hirst，Dick & Knippenberg，2009）发现变革型领导的一个方面——激励动机对员工团队认同和创造力之间的关系有积极的调节作用，但并不是主要作用。彭和罗德（Peng & Rode，2010）发现，当领导者高度认同且创新氛围较浓厚时，变革型领导对个人创造力有重要影响。廖、刘和洛伊（Liao，Liu & Loi，2010）通过自我效能感考察了领导—成员交换关系的质量对个体创造力的间接影响，并提出了领导—成员交换关系差异化对这一影响的调节作用：领导—成员交换关系的分化减弱了领导—成员交换关系质量对个体创造力的间接影响。加延德兰和乔希（Gajendran & Joshi，2012）报告称，领导—成员交换关系质量增强了团队成员对决策的影响，进而对团队创新产生了积极影响。刘等（Liu et al.，2012）采用滴漏（trickle-down）模型考察了辱虐型领导对员工创造力的影响，得出结论为团队领导的辱骂性监管对团队成员创造力产生了负向影响。

邓志华（2016）通过使用主管—员工配套问卷数据的实证研究证明了精神领导力在个体层面通过精神智力影响创造力、在组织层次通过职场精神性影响创造力的假设。但是根据理论分析可知，精神领导力、精神智力、职场精神性之间有重叠或相似的内容，且该文章中并没有进行研究变量的共线性检验或共同方法偏差检验。根据文中提供的数据结果，精神领导力与精神智力、职场精神性和创造力均有显著的正向相关关系。在这种情况下，说明研究数据是否存在多重共线性是非常必要的。

刘雪飞（2019）的研究成果指出：精神领导力所涉及的愿景、希望/信念和利他之爱三个维度内容对员工创新行为均有显著的正向影响；其中利他之爱的影响作用最强，希望/信念维度次之，愿景维度最弱。组织认同对员工创新行为有正向预测作用；且组织认同在愿景、希望/信念以及利他之爱与员工创新行为之间均起部分中介作用。此外，主动性人格倾向正向调节了精神领导力的三个维度与组织认同之间的关系。

邓志华和陈维政（2020）的研究证明了组织内领导者对员工创造力的正向影响。他们通过理论阐述，论证了员工创造力、团队创造力和组织创造力的精神性动力因素和机制，并探讨了组织内精神性动力的纵向传导机制（企业创始人→中层管理者→基层管理者）。邓志华、谢春芳和张露（2020）通过研究创造灵感的来源，探讨了灵性因素对员工创造力的驱动作用和动力机制，证明了精神领导力对员工创造力有显著的正向影响，而灵性价值观在这一关系中起着部分中介作用，同时员工主动性人格起着调节作用。因此，在员工招聘和培训过程中，应当重视对员工灵性价值观和主动性人格的识别和培养。彭伟、李慧和周欣怡（2020）共同研究了悖论式领导对员工创造力的影响。他们证明了悖论式领导通过影响团队外部网络进而对员工创造力产生显著的正向影响力，而中庸思维在这一过程中起调节作用。

可见，以往研究支持积极的领导方式对员工创造力的正向影响，也有组织精神性、领导精神性和精神领导力对员工创造力的证据。精神领导力能够为员工们提供精神支持和内心动力，激发他们更强的内在动机和责任心来参与创新活动。尽管创新活动具有开创性、超前性、风险性和挑战性，但具备精神领导力的领导者能够给予员工精神、心理、情感和工作等多种帮助，以其强大的精神力量为员工创新活动提供支持和精神动力，这有助于员工在提出创新想法或进行创新活动时克服恐惧，舒缓员工的压力、焦虑等负面情绪，提升员工对创新活动的信心和热情。

由此，得到假设5：精神领导力对员工创造力有显著的正向影响。

3.5.1 愿景与员工创造力

韦斯特（West，1990）认为如果（1）愿景是可以理解、被团队成员所接受的；（2）团队成员认为他们可以提出新的想法和解决方案而不会被质疑或批评；（3）在团队中有可能会仔细检查并可以热烈讨论不同解决方案；（4）团队成员能够感知创新支持；则创新会增强。这就是团队创新氛围的四因素理论，即能够促进创新的四个团队层次的氛围因素是愿景、参与安全、任务导向和对创新的支持（Anderson & West，1998；West，1990）。

保证组织目标与愿景清晰，保证组织整体对共同的组织目标与愿景的认同，是整合知识多样性以满足团队工作任务的必要条件。对比起模糊的团队目标，更加清晰的团队目标能够促进创新和新想法，也能够获得更为精准的选择。① 品托和普雷斯科特（Pinto & Prescott，1987）在一项对418个项目团队的调研中发现，清晰的任务目标是唯一一个在创新过程的各个阶段（概念、计划、执行、完成）都可以预测成功的因素。对医疗卫生团队的研究也支持团队目标的清晰度、对团队目标的认同度与团队的创新水平相关（West & Anderson，1996）。

陈平和顾建平（2014）收集了来自中国长三角地区的新建智慧企业的176名创业者的数据资料，其实证证明：在智慧企业内部，愿景型领导对创新行为有显著的正向影响，同时组织合法性在愿景型领导和员工创新行为之间起着显著的调节作用。

因为组织愿景会更多地在动态环境中体现其作用，因此关注组织的现状与愿景之间差异的领导会更加鼓励员工迎接挑战，愿景影响个体的创造力和团队、组织的创新的程度也更深。

因此，得出假设5.1：精神领导力的愿景维度对员工创造力有显著的正向影响。

3.5.2 希望与员工创造力

路桑斯和阿伏利奥（Luthans & Avolio，2003）认为领导者"希望"

---

① ［美］周京，［美］莎莉主编，魏昕等译，组织创造力研究全书［M］.//Michael A. West，Addreas W. Richter. 工作中的创新和创造力与氛围及文化. 北京：北京大学出版社，2010：161 – 180.

的能力能够产生力量乘数的效果。同时，他们肯定了真实型领导者认同
其追随者及在培育希望方面发挥的积极作用。希望是工作环境下影响创
造力的关键因素，因为：（1）创造力需要挑战现状、愿意尝试并承担
可能的失败（Zhou & George，2003）；（2）创造力需要一定程度的内
部、持久的动力，促使个人在面对创造性工作固有的挑战时能坚持不懈
（Shalley & Gilson，2004）；（3）高期望的人比低期望的人能更好地面对
这些挑战。现有研究证明了员工希望、乐观（Optimism）、弹性（Resil-
ience）与工作绩效、工作满意度、工作幸福感、组织承诺等工作相关
结果变量呈现正向的相关关系。路桑斯，约瑟夫和阿伏利奥（Luthans，
Youssef & Avolio，2007）认为，"有希望的员工往往具有创造力和足智
多谋，即使预算紧张"。约瑟夫和路桑斯（Youssef & Luthans，2007）
认为，有希望的员工往往是独立的思考者，他们并不认为与他人（包括
领导者）的想法不一致是一种约束，因此更容易跳出固有的思维模式，
为解决问题和利用机会提出创造性的想法。他们对不同种类的信息更加
开放，往往能从不同的角度看待问题和机会（Zhou & George，2003）。
雷戈等（Rego et al.，2009）认为希望是一种积极的、充满激励的状
态，是一种通过互动衍生而形成的成功感。通过在葡萄牙的问卷调查研
究，他们证明希望可以直接或通过幸福的中介作用间接预测创造力。雷
戈等（2014）还论证了希望和积极情绪在真实型领导与员工创造力之
间的中介作用。

因此，得出假设 5.2：精神领导力的希望维度对员工创造力有显著
的正向影响。

3.5.3　利他之爱与员工创造力

奥尔德姆和卡明斯（Oldham & Cummings，1996）认为，支持型的
领导提供了一种更能促进创造力的工作环境，而控制型的领导则不然。
蒂尔尼、法梅尔和格雷恩（Tierney，Farmer & Graen，1999）认为，与

领导进行互动、获得其鼓励和支持都有助于提高员工的创造力。

以社会交换理论为基础，石冠峰，毛舒婷和王坤（2017）探讨了不同类型的幽默型领导对员工创造力的影响：亲和幽默型领导会通过领导—成员交换关系的中介作用对员工创造力产生正向影响，上下级共事时间在这一过程中起负向的调节作用；而攻击幽默型领导对员工创造力产生了负向影响，员工权力距离削弱了这一作用。张颖（2020）研究了领导的亲社会动机（Prosocial Motivation）对员工创造力的影响。领导的亲社会动机是关爱、同情和帮助员工及周围的合作者，并与他们营造良好人际关系的一种领导特征。张颖证明了领导的亲社会动机和组织认同对员工创造力均起促进作用，创造过程参与在这两组关系中均起中介作用。

由此可见，具有利他之爱的领导会创造更加开放的工作环境，营造良好的工作氛围，从而促进员工创造力的提升。由此，提出假设 5.3：精神领导力的利他之爱维度对员工创造力有显著的正向影响。

3.6 员工创造力与员工士气

关于创造力对员工士气的影响，第一种解释方法是使用创造力理论。员工敬业会提高其创造力（Richman，2006；Woodruffe，2006）。同理，如果企业允许、鼓励并且支持员工们尝试新方法，将提高其工作自主性并实现更高水平的组织承诺。员工创造力会提高组织绩效（于忠军等，2014），而组织绩效的改善会提高员工的工作满意度水平。最终，组织绩效和工作满意度的提高会鼓舞员工士气。

第二种解释方法是使用组织变革理论内容。在一个支持性的环境中工作，员工们感觉不到威胁和压力，这有利于组织创新。组织创新会促使组织变革。而进行组织变革，必须诊断、理解、克服变革的阻力，检验并改变那些对个人、团队和部门变革有限制的内容。这需要重新设计结构、规则、固定的流程和其他情境因素以应对组织变革。而这种组织变革与创新相互促进会形成一种"创造力情境"，使得员工处于积极和创新的氛围中，从而提升员工士气。

龚等（Gong et al.，2013）基于社会资讯处理程序理论解释了创造力支持氛围（Supportive Climate for Creativity），也传达了创造性绩效的期待给其他团队成员，使得他们从事相似的行为。通过上述影响过程，形成了创造力支持氛围，进而提高了团队创造力。这种创造力的相似行为会形成群体氛围，提升组织绩效和工作满意度，进而提升员工士气。

因此，提出假设6：员工创造力对员工士气有显著的正向影响。

3.6.1 员工创造力与监管

员工创造力与监管的相关关系研究并没有取得较为一致的结果。学者们研究涉及的监管行为包括监管支持（Supervisory Support；Madjar et al.，2002）、监管对创造力的期待（Supervisory Expectations for Creativity；Carmeli & Schaubroeck，2007；Tierney & Farmer，2004）、监管授权管理（Supervisory Empowerment Behaviors；Zhang & Bartol，2010）、监管发展反馈与非密切指导（Supervisory Developmental Feedback and Non-close Monitoring；Zhou，2003）、监管善行（Supervisory Benevolence；Wang & Cheng，2010）以及辱骂性监管（Abusive Supervision；Liu，Liao & Loi，2012）等。监管可能表现为客观的制度化条款或者领导者主观的关心。虽然监管的出发点是组织目标，但也出于对员工成长与未来职业发展的考虑。员工如果能够通过培训和领导监管取得一些进步，就能提高其职业获得感，从而提升其创造力。而在员工创造力提升的这一过程中，员工会对组织和领导的监管树立信心，从而更主动地遵从这种监管，形成创造力支持氛围（Gong et al.，2013），从而提升员工士气。

因此，提出假设6.1：员工创造力对员工士气的监管维度有显著的正向影响。

3.6.2　员工创造力与工作投入、工作满意度

工作投入是指员工在工作中所表现出来的一种积极态度。高工作投入的员工通常愿意付出更多的时间和精力去完成工作；在面对挫折、困难与障碍时，表现出较强的韧性，并且能够更加积极地寻找改变现状的方法，也更容易产生新颖独特的想法，也就更加富有创造力（詹小慧，杨东涛，栾贞增和安彦蓉，2018）。同样，富有创造力的员工会获得领导和组织的认可，提升工作满意度，形成良性循环，表现出更加积极的工作态度。

工作满意度是个体对工作任务积极的情感反应，这种积极情感影响个体的认知，有助于拓展认知范围，激励个体产生创新行为。

员工创造力会提升组织绩效（于忠军等，2014），而组织绩效的提升会提高员工的工作积极性——提升工作投入与工作满意度。因此提出假设6.2：员工创造力对员工士气的工作投入维度有显著的正向影响和假设6.3：员工创造力对员工士气的工作满意度维度有显著的正向影响。

3.7　信任的中介作用

在团队环境下，领导是促进成员之间的信任、成员与领导之间的信任的前因变量（Dirks & Ferrin，2002）。

朔布洛克，拉姆和彭（Schaubroeck，Lam & Peng，2011）通过理论和实证研究认为，变革型领导能通过对领导的认知信任从而对团队效能产生正向影响，服务型领导则通过情感信任对团队心理安全产生正向影响，从而共同提高了团队绩效。这证明了信任的中介作用。同时，他们还得出结论：考虑对领导者信任不同的潜在维度，信任可能是将领导与

团队心理状态和团队绩效联系起来的解释机制。然而，信任的中介作用并不总是显著的，例如李和哈恩（Lee & Hahn，2015）提出了将信任与感知领导风格和团队创造力联系起来的理论模型，但对韩国350名在ICT公司员工的实证研究并没有证明信任领导的中介作用。

贾斯瓦尔和达尔（Jaiswal & Dhar，2015）对印度旅游酒店的领导者及其下属的调查数据进行实证研究后，证明了变革型领导者通过对员工实施利他之爱，从下属那里获得服从和情感，这有助于下属创造性绩效的提高；他们同时证明了创新氛围在变革型领导与员工创造力之间起到了显著的中介作用。

马丁等（Martin et al.，2016）使用元分析方法考察了领导—成员交换关系的质量与工作绩效之间的关系。实证研究的结果证明了领导—成员交换关系与任务绩效和公民绩效之间的正向相关关系，以及信任、动机、授权和工作满意度的中介作用，并且其中对领导者的信任的中介作用最大。休斯（Hughes，2018）通过对领导力与创造力/创新之间关系的总结，提出了建立在社会交换理论基础之上的社会关系机制（Social Relational Mechanism），并指出可以作为创造力中介变量的内容有对领导的信任、领导—成员交换关系和义务感（即追随者是否认为有必要回报给领导者）等。领导者和追随者之间的积极交流可能会激发创造力和创新，因为追随者寻求通过参与角色内和角色外的表现来回报领导者的善待。同时，信任是创造和创新的关键推动者。对领导者的信任在领导者—追随者社会交往的发展和深化中发挥着关键作用。因为信任鼓励了义务，减少了回报的不确定性。较高的信任水平降低了感知风险，并创造了一个心理安全的环境，促进了员工从事创造性和创新性行为的意愿（Zhang & Zhou，2014）。

根据前述假设1（精神领导力对信任领导有显著的正向影响）、假设2（信任领导对员工士气有显著的正向影响）及假设4（精神领导力对员工士气有显著的正向影响），可以推导得出假设7：信任在精神领导力与员工士气之间起中介作用。

根据前述假设 1（精神领导力对信任领导有显著的正向影响）、假设 3（信任领导对员工创造力有显著的正向影响）及假设 5（精神领导力对员工创造力有显著的正向影响）可以推导得出假设 8：信任在精神领导力与员工创造力之间起中介作用。

3.8 研究模型与假设小结

根据上述理论分析内容，将本书研究模型整理如图 3 - 1 所示。

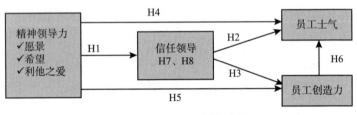

图 3 - 1　研究理论模型图

将前文中提出的理论假设内容整理如表 3 - 1 所示。

表 3 - 1　　　　　　　　　　理论假设内容总结

序号	编号	假设内容
1	假设 1	精神领导力对信任领导有显著正向影响。
2	假设 1.1	愿景对信任领导有显著正向影响。
3	假设 1.2	希望对信任领导有显著正向影响。
4	假设 1.3	利他之爱对信任领导有显著正向影响。
5	假设 2	信任领导对员工士气有显著正向影响。
6	假设 2.1	信任领导对监管有显著正向影响。
7	假设 2.2	信任领导对工作投入有显著正向影响。
8	假设 2.3	信任领导对工作满意度有显著正向影响。

序号	编号	假设内容
9	假设3	信任领导对员工创造力有显著正向影响。
10	假设4	精神领导力对员工士气有显著正向影响。
11	假设4.1	愿景对员工士气有显著正向影响。
12	假设4.2	希望对员工士气有显著正向影响。
13	假设4.3	利他之爱对员工士气有显著正向影响。
14	假设4.4	精神领导力对监管有显著正向影响。
15	假设4.5	精神领导力对工作投入有显著正向影响。
16	假设4.6	精神领导力对工作满意度有显著正向影响。
17	假设5	精神领导力对员工创造力有显著正向影响。
18	假设5.1	愿景对员工创造力有显著正向影响。
19	假设5.2	希望对员工创造力有显著正向影响。
20	假设5.3	利他之爱对员工创造力有显著正向影响。
21	假设6	员工创造力对员工士气有显著正向影响。
22	假设6.1	员工创造力对监管有显著正向影响。
23	假设6.2	员工创造力对工作投入有显著正向影响。
24	假设6.3	员工创造力对工作满意度有显著正向影响。
25	假设7	信任在精神领导力与员工士气之间起中介作用。
26	假设8	信任在精神领导力与员工创造力之间起中介作用。

第4章

实 证 分 析

4.1 研 究 设 计

根据理论基础与研究假设的分析内容，本书使用问卷调查的方法获取研究数据，并进行实证分析。使用的问卷数据分析工具包括 Spss 23.0 和 Amos 23.0。

4.1.1 问卷内容

精神领导力问卷使用的是弗赖伊（2005）精神领导力问卷，问卷内容包括愿景、希望、利他之爱三个维度共 17 个题项。愿景维度包括"我理解并致力于组织的愿景"等 5 个题项，希望维度包括"我对我的组织有信心，并且愿意尽一切努力来确保组织完成任务"等 5 个题项，利他之爱包括"我的组织非常关心自己的员工"等 7 个题项。使用李克特七点量表，1 表示非常不认同，2 表示不认同，3 表示比较不认同，4 表示一般，5 表示比较认同，6 表示认同，7 表示非常认同。

信任领导问卷选择尼汉和马洛（Nyhan & Marlowe，1997）组织信任问卷中对领导的信任单维度问卷，包括"我对——（领导）技术上能够胜任他或她工作的关键因素的信任程度为——"等 8 个题项。使用李克特七点量表，1 表示信任程度接近 0，2 表示非常低，3 表示低，4 表示 50%，5 表示高，6 表示非常高，7 表示接近 100%。

员工创造力问卷选择周和乔治（Zhou & George，2001）单维度问卷，包括领导对员工的评价"提出新方法来实现工作目标"等 13 个题项。使用李克特七点量表，1 表示非常不认同，2 表示不认同，3 表示比较不认同，4 表示一般，5 表示比较认同，6 表示认同，7 表示非常认同。

员工士气问卷使用格里菲斯（Griffith，2001）员工士气问卷。选择其中监管、工作满意度和工作投入三个维度共 26 个题项。监管维度包括"我的领导尽了足够的努力让我参与影响我工作的决策"等 15 个题项，工作满意度维度包括"我喜欢我做的工作"等 5 个题项，工作投入维度包括"我的工作充分利用了我的技能和能力"等 6 个题项。使用李克特七点量表，1 表示非常不认同，2 表示不认同，3 表示比较不认同，4 表示一般，5 表示比较认同，6 表示认同，7 表示非常认同。

同时，加入了人口特征变量等作为控制变量，包括性别（男 = 1，女 = 2）、年龄（20 岁以下 = 1，21～30 岁 = 2，31～40 岁 = 3，41～50 岁 = 4，51 岁及以上 = 5）、职位（普通员工 = 1，基层领导者 = 2，中层领导者 = 3，高层领导者 = 4）、组织性质（国有企业 = 1，民营企业 = 2，外商独资企业 = 3，中外合资企业 = 4，非营利组织 = 5）、行业（按照国家标准化管理委员会 2019 年 3 月 29 日起实施的《国民经济行业分类》中对组织行业门类的划分，确定了 16 个行业。）

研究选择的问卷均为国际顶级期刊发表、引用率较高的问卷。所有研究问卷均在第 2 章理论分析部分进行了说明，并从相应来源的英文文献中获得原文，由英语教育学博士和领导学博士共同进行了翻译，根据李超平、王祯编写的《管理研究量表手册》及对应参考文献进行对照修正。

4.1.2 数据收集

确认问卷内容后，通过问卷星网站随机向组织员工发放了问卷，共回收了 86 份有效问卷。首次问卷收回后，首先对问卷数据的信度和效度进行了初步分析，确认了问卷整体内容的有效性。征询部分调查对象对问卷内容的理解，对问卷进行了个别字句上的修订。之后通过问卷星网站进行了正式的问卷发放。两个阶段共收集有效问卷 863 份，其中有缺失值的问卷共 13 份，问卷回收有效率为 98.5%。对有缺失的问卷进行了删除后，后续的实证分析是在 850 份有效问卷数据的基础上进行。

4.1.3 样本描述

问卷调查阶段全部有效样本共 850 份，问卷题项中包括性别、年龄、职位、所在企业性质、服务行业五个样本特征变量。具体结果如下：

从样本性别来看，包括男性 324 人，女性 526 人；占比分别为 38.1% 和 61.9%。男、女比例为 1∶1.625。

年龄结构为 20 岁以下的 4 人，占比 0.5%；21～30 岁的 285 人，占比 33.5%；31～40 岁的 419 人，占比 49.3%；41～50 岁的 118 人，占比 13.9%；51 岁及以上的 24 人，占比 2.8%。样本中占比最多的为 31～40 岁的人群。具体年龄分布见图 4-1。

职位一项中，占比最多的为普通员工，比例为 48.7%，有 414 人；另外的 436 人为管理者，包括基层管理者 201 人，占比 23.6%；中层管理者 174 人，占比 20.5%；高层管理者 61 人，占比 7.2%。

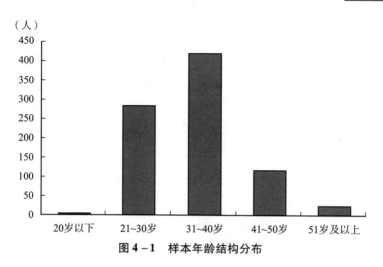

图4-1　样本年龄结构分布

从样本所在组织性质来看，在民营企业工作的人最多，有327人，占比38.5%；在国有企业工作的有307人，占比36.1%；在非盈利组织工作的有161人，占比18.9%；在外商独资企业和中外合资企业工作的人较少，只有52人和3人，占比为6.1%和0.4%。

根据2019年3月29日起实施的《国民经济行业分类》中对组织行业门类划分，确定了16个行业。从样本的组织所在行业来看，样本涉及15个行业，没有采矿业的样本。其中，涉及较多的是教育、金融、公共服务和制造业，分别有175人、160人、130人和102人，占比分别为20.6%、18.8%、15.3%和12%，共计66.7%。另外的33.3%的样本分布于其他行业。具体分布情况见表4-1。

表4-1　　　　　　　　　　问卷样本特征描述

问题	编号	选项	频数	百分比（%）
性别	1	男	324	38.1
	2	女	526	61.9
合计				100

问题	编号	选项	频数	百分比（%）
年龄	1	20 岁以下	4	0.5
	2	21～30 岁	285	33.5
	3	31～40 岁	419	49.3
	4	41～50 岁	118	13.9
	5	51 岁及以上	24	2.8
合计				100
职位	1	普通员工	414	48.7
	2	基层管理者	201	23.6
	3	中层管理者	174	20.5
	4	高层管理者	61	7.2
合计				100
组织性质	1	国有企业	307	36.1
	2	民营企业	327	38.5
	3	外商独资企业	52	6.1
	4	中外合资企业	3	0.4
	5	非盈利组织	161	18.9
合计				100
行业	1	农林牧渔业	9	1.1
	2	采矿业	0	0
	3	制造业	102	12
	4	建筑业	32	3.8
	5	批发和零售业	48	5.6
	6	交通运输、仓储和邮政业	35	4.1
	7	金融业	160	18.8
	8	房地产业	26	3.1
	9	教育	175	20.6
	10	住宿和餐饮业	15	1.8

问题	编号	选项	频数	百分比（%）
行业	11	居民服务、修理和其他服务业	15	1.8
	12	科学研究和技术服务业	21	2.5
	13	信息传输、软件和信息技术服务业	57	6.7
	14	文化、体育和娱乐业	3	0.4
	15	租赁和商务服务业	22	2.6
	16	公共服务和管理	130	15.3
合计				100

4.2 数据分析

4.2.1 共同方法偏差检验

在数据收集阶段，问卷填写须知中已经特别强调收集数据仅应用于学术研究，并确认问卷结果的保密性。但由于所有的题项均由同一被调查人回答，进行共同方法偏差检验是必须的。通过使用 Harman 单因素检验，将问卷中全部 64 个题项进行因子分析。根据 Spss 23.0 的运行结果，得到 8 个特征根大于 1 的因子，各个因子与进行分析的量表维度对应一致，各题项因子载荷系数均在 0.65 以上。因此，问卷数据因子分析结果支持各变量的区分度。

由表 4-2 可知，进行因子分析结果中，第一个因子能够解释 29.61% 的变异量，远小于 40% 的临界值。表明同源方差在可接受范围内，通过了共同方法偏差检验，可以进行后续分析。

表 4 - 2　　　　　　　　　　共同方法偏差检验结果

变量	名称	因子载荷系数								共同度（公因子方差）
		因子 1	因子 2	因子 3	因子 4	因子 5	因子 6	因子 7	因子 8	
精神领导力——愿景维度	Jsyj1	0.097	0.140	0.091	0.064	0.071	0.056	0.022	0.889	0.840
	Jsyj2	0.159	0.144	0.101	0.100	0.115	0.094	0.118	0.761	0.681
	Jsyj3	0.179	0.159	0.152	0.118	0.080	0.093	0.047	0.741	0.660
	Jsyj4	0.121	0.166	0.045	0.130	0.118	0.142	0.089	0.723	0.626
	Jsyj5	0.167	0.150	0.138	0.087	0.077	0.096	0.132	0.710	0.614
精神领导力——希望维度	Jsxw1	0.122	0.058	0.049	0.036	0.028	0.898	0.084	0.075	0.843
	Jsxw2	0.153	0.118	0.136	0.136	0.073	0.730	0.120	0.050	0.630
	Jsxw3	0.191	0.128	0.067	0.078	0.105	0.751	0.088	0.086	0.653
	Jsxw4	0.161	0.107	0.084	0.119	0.090	0.755	0.093	0.108	0.658
	Jsxw5	0.184	0.081	0.145	0.068	0.025	0.742	0.149	0.152	0.662
精神领导力——利他之爱维度	Jslt1	0.091	0.113	0.083	0.898	0.069	0.036	0.053	0.022	0.843
	Jslt2	0.147	0.157	0.113	0.734	0.080	0.086	0.068	0.085	0.623
	Jslt3	0.174	0.186	0.129	0.698	0.088	0.055	0.138	0.095	0.607
	Jslt4	0.124	0.138	0.127	0.739	0.078	0.089	0.109	0.052	0.626
	Jslt5	0.115	0.185	0.103	0.718	0.092	0.078	0.124	0.114	0.616
	Jslt6	0.151	0.089	0.156	0.742	0.099	0.066	0.077	0.068	0.630
	Jslt7	0.153	0.153	0.084	0.724	0.110	0.067	0.085	0.101	0.612
信任领导	Xrss1	0.188	0.131	0.880	0.088	0.085	0.012	0.064	0.039	0.847
	Xrss2	0.181	0.160	0.680	0.075	0.145	0.109	0.110	0.098	0.580
	Xrss3	0.199	0.126	0.653	0.142	0.143	0.106	0.047	0.060	0.539
	Xrss4	0.285	0.141	0.654	0.085	0.151	0.065	0.157	0.067	0.592
	Xrss5	0.212	0.185	0.695	0.154	0.071	0.046	0.064	0.099	0.607
	Xrss6	0.200	0.146	0.672	0.127	0.184	0.074	0.135	0.053	0.590
	Xrss7	0.189	0.148	0.667	0.152	0.087	0.070	0.151	0.125	0.576
	Xrss8	0.206	0.189	0.651	0.090	0.117	0.127	0.124	0.109	0.567

续表

变量	名称	因子载荷系数								共同度（公因子方差）
		因子1	因子2	因子3	因子4	因子5	因子6	因子7	因子8	
员工士气——工作满意维度	Sqmy1	0.044	0.109	0.091	0.094	0.009	0.078	0.894	0.025	0.838
	Sqmy2	0.093	0.127	0.145	0.130	0.097	0.127	0.752	0.068	0.659
	Sqmy3	0.090	0.153	0.131	0.126	0.092	0.129	0.722	0.177	0.642
	Sqmy4	0.102	0.187	0.181	0.152	0.074	0.091	0.725	0.065	0.644
	Sqmy5	0.148	0.143	0.141	0.113	0.091	0.121	0.733	0.082	0.642
员工士气——工作投入维度	Sqtr1	0.072	0.151	0.114	0.068	0.899	0.017	0.027	0.023	0.855
	Sqtr2	0.074	0.188	0.134	0.113	0.739	0.060	0.060	0.102	0.635
	Sqtr3	0.042	0.192	0.156	0.077	0.750	0.092	0.053	0.065	0.648
	Sqtr4	0.141	0.208	0.157	0.097	0.727	0.061	0.068	0.105	0.644
	Sqtr5	0.100	0.169	0.148	0.115	0.750	0.030	0.074	0.078	0.648
	Sqtr6	0.117	0.175	0.108	0.123	0.734	0.082	0.090	0.103	0.636
员工士气——监管维度	Sqjg1	0.926	0.142	0.090	0.023	-0.003	0.019	-0.008	0.028	0.887
	Sqjg2	0.681	0.231	0.156	0.036	0.066	0.112	0.014	0.066	0.564
	Sqjg3	0.660	0.195	0.127	0.083	0.082	0.143	0.060	0.044	0.529
	Sqjg4	0.695	0.168	0.164	0.144	0.070	0.091	0.056	0.107	0.586
	Sqjg5	0.688	0.177	0.157	0.152	0.043	0.100	0.046	0.056	0.569
	Sqjg6	0.681	0.169	0.139	0.054	0.119	0.109	0.084	0.066	0.552
	Sqjg7	0.686	0.185	0.136	0.092	0.054	0.125	0.031	0.081	0.557
	Sqjg8	0.681	0.111	0.183	0.153	0.054	0.055	0.025	0.095	0.548
	Sqjg9	0.714	0.161	0.109	0.052	0.044	0.031	0.041	0.122	0.570
	Sqjg10	0.676	0.157	0.134	0.113	0.082	0.056	0.071	0.079	0.534
	Sqjg11	0.682	0.195	0.125	0.132	0.023	0.024	0.114	0.104	0.561
	Sqjg12	0.652	0.178	0.176	0.110	0.050	0.108	-0.006	0.052	0.517
	Sqjg13	0.673	0.161	0.136	0.097	0.055	0.164	0.100	0.079	0.553
	Sqjg14	0.790	0.180	0.037	0.076	0.050	0.041	0.070	0.061	0.677
	Sqjg15	0.783	0.154	0.079	0.040	0.066	0.050	0.083	0.044	0.661

变量	名称	因子载荷系数								共同度（公因子方差）
		因子1	因子2	因子3	因子4	因子5	因子6	因子7	因子8	
员工创造力维度	Ygcz1	0.170	0.902	0.051	0.066	0.071	-0.003	0.015	0.035	0.856
	Ygcz2	0.219	0.697	0.113	0.105	0.091	0.041	0.068	0.046	0.574
	Ygcz3	0.177	0.698	0.087	0.086	0.065	0.060	0.074	0.106	0.558
	Ygcz4	0.155	0.700	0.126	0.099	0.088	0.068	0.080	0.099	0.568
	Ygcz5	0.183	0.696	0.096	0.106	0.114	0.060	0.033	0.087	0.564
	Ygcz6	0.151	0.702	0.133	0.089	0.144	0.092	0.072	0.106	0.587
	Ygcz7	0.225	0.643	0.093	0.123	0.120	0.040	0.136	0.089	0.531
	Ygcz8	0.209	0.628	0.135	0.133	0.122	0.096	0.060	0.117	0.516
	Ygcz9	0.203	0.647	0.174	0.088	0.169	0.011	0.102	0.064	0.542
	Ygcz10	0.145	0.662	0.042	0.102	0.121	0.097	0.097	0.091	0.513
	Ygcz11	0.170	0.670	0.117	0.149	0.127	0.047	0.091	0.030	0.541
	Ygcz12	0.212	0.682	0.129	0.087	0.110	0.090	0.077	0.061	0.564
	Ygcz13	0.216	0.661	0.127	0.084	0.087	0.042	0.100	0.123	0.541
特征根值（旋转前）		18.950	4.590	3.740	2.993	2.914	2.564	2.328	2.055	—
方差解释率（%）（旋转前）		29.610	7.171	5.844	4.676	4.553	4.007	3.638	3.211	—
累积方差解释率（%）（旋转前）		29.610	36.781	42.626	47.301	51.854	55.861	59.499	62.710	—
特征根值（旋转后）		8.959	7.540	4.762	4.603	4.062	3.435	3.396	3.377	—
方差解释率（%）（旋转后）		13.999	11.781	7.441	7.192	6.347	5.367	5.307	5.277	—
累积方差解释率（%）（旋转后）		13.999	25.780	33.221	40.413	46.760	52.127	57.434	62.710	—
KMO值		0.962								—
巴特球形值		34655.237								—
df		2016								—
p值		0.000								—

4.2.2 描述性统计

使用 Spss 23.0 对全部 64 个题项进行描述性统计分析，由于使用李克特 7 点量表，全部题项最小值均为 1，最大值均为 7。均值最小的为精神领导力的利他之爱维度 6（Jslt6，对应内容为"我组织中的领导者诚信、不妄自尊大"）题项，值是 4.06；均值最大的为员工士气的工作投入维度 1 题项（Sqtr1，对应内容为"我的工作充分调动了我的技能和能力"），值为 4.480；标准差最小的为员工士气的监管维度 15 题项（Sqjg15，对应内容为"当必须做出选择时，我的领导通常会做出质量高于其他工作目标的选择"），其值是 1.245；最大值也为员工士气的工作投入维度 1 题项，其值是 1.998。最大值、最小值、均值、标准差分布均与李克特 7 点量表特征相符，各维度均值与方差具体数值见表 4-3。

表 4-3　　　　　　　　　　变量各维度信度分析

变量	维度	平均值	标准差	克朗巴赫 α 系数
精神领导力	愿景	4.229	1.350	0.880
	希望	4.222	1.352	0.882
	利他之爱	4.183	1.300	0.886
信任领导		4.203	1.173	0.898
员工创造力		4.222	1.136	0.896
员工士气	工作投入	4.238	1.346	0.892
	监管	4.197	1.137	0.868
	工作满意	4.195	1.346	0.880

4.2.3 信度分析

通常利用克朗巴赫 α 系数（Cronbach's Alpha）来检验问卷的信度。

当量表的克朗巴赫 α 指标低于 0.7 时,说明对于该量表所测量构念的多个指标一致性较差,该量表需要重新编制;当量表的克朗巴赫 α 指标高于 0.7 时,说明对于该量表所测量构念的多个指标一致性较好;当量表的克朗巴赫 α 指标高于 0.9 时,说明对于该量表所测量构念的多个指标一致性非常好,测量信度非常高。

使用 Spss 23.0 计算各变量及维度的克朗巴赫 α 系数如表 4 - 3 所示。

由表 4 - 3 可知,该量表各个维度所对应的 Cronbach's Alpha 系数值均大于 0.8,表明问卷的内部一致性非常好。本次调查的结果测量信度较好,指标一致性较佳。

4.2.4 验证性因子分析

本书使用 Amos 23.0 对各研究变量进行数据分析,使用信度组合(CR)值和平均萃取方差(AVE)值作为收敛效度的评价标准。通常认为当各维度的 CR 值大于 0.7,AVE 值大于 0.50 时,问卷数据的收敛效度较好。

1. 精神领导力

对精神领导力各维度进行验证性因子分析,将 Amos 23.0 运行的数据结果整理如表 4 - 4 所示。

表 4 - 4 精神领导力变量验证性因子分析结果

维度及题项		变量	Estimate	S. E.	C. R.	P	STD	SMC	(1 - SMC)	AVE	CR
愿景	←	精神领导力	1				0.591	0.246	0.754		
希望	←		0.880	0.148	5.957	***	0.513	0.264	0.736		
利他之爱	←		0.835	0.139	5.988	***	0.496	0.349	0.651		

续表

维度及题项		变量	Estimate	S. E.	C. R.	P	STD	SMC	(1 - SMC)	AVE	CR
Jsyj1	←		1				0.901	0.545	0.455		
Jsyj2	←		0.669	0.024	27.428	***	0.773	0.557	0.443		
Jsyj3	←	愿景	0.681	0.026	26.531	***	0.757	0.545	0.455	**0.604**	**0.884**
Jsyj4	←		0.622	0.025	24.902	***	0.726	0.562	0.438		
Jsyj5	←		0.623	0.026	24.405	***	0.716	0.545	0.455		
Jsxw1	←		1				0.907	0.556	0.444		
Jsxw2	←		0.613	0.024	25.093	***	0.725	0.822	0.178		
Jsxw3	←	希望	0.643	0.024	26.785	***	0.756	0.567	0.433	**0.609**	**0.886**
Jsxw4	←		0.635	0.024	26.308	***	0.748	0.559	0.441		
Jsxw5	←		0.668	0.025	26.612	***	0.753	0.572	0.428		
Jslt1	←		1				0.907	0.526	0.474		
Jslt2	←		0.650	0.024	27.108	***	0.746	0.823	0.177		
Jslt3	←		0.646	0.024	26.643	***	0.738	0.513	0.487		
Jslt4	←	利他之爱	0.663	0.024	27.356	***	0.75	0.527	0.473	**0.590**	**0.909**
Jslt5	←		0.665	0.025	26.641	***	0.738	0.573	0.427		
Jslt6	←		0.655	0.024	27.148	***	0.746	0.598	0.402		
Jslt7	←		0.655	0.025	26.644	***	0.738	0.812	0.188		

由表4-4可知，愿景维度 AVE 值为 0.604，希望维度 AVE 值为 0.609，利他之爱维度 AVE 值为 0.590，均大于 0.5 的临界值；愿景维度 CR 值为 0.884，希望维度 CR 值为 0.886，利他之爱维度 CR 值为 0.909，均大于 0.7 的临界值，说明精神领导力问卷效度较好。

2. 信任领导

使用 Amos 23.0 对信任领导问卷进行验证性因子分析，结果整理如表4-5所示。

表 4 – 5 信任领导变量验证性因子分析结果

题项		变量	Estimate	S. E.	C. R.	P	STD	SMC	(1 – SMC)	AVE	CR
Xrss1	←		1				0.914	0.495	0.505		
Xrss2	←		0.647	0.025	25.555	***	0.715	0.501	0.499		
Xrss3	←		0.588	0.025	23.940	***	0.686	0.525	0.475		
Xrss5	←	信任领导	0.633	0.024	26.239	***	0.727	0.531	0.469	0.550	0.906
Xrss4	←		0.665	0.025	26.334	***	0.729	0.529	0.471		
Xrss6	←		0.651	0.025	26.078	***	0.724	0.471	0.529		
Xrss7	←		0.603	0.024	25.124	***	0.708	0.512	0.488		
Xrss8	←		0.627	0.025	24.897	***	0.704	0.836	0.164		

由表 4 – 5 可知，信任领导变量 AVE 值为 0.550，大于 0.5 的临界值；CR 值为 0.906，大于 0.7 的临界值，说明信任领导问卷效度较好。

3. 员工创造力

使用 Amos 23.0 对员工创造力问卷进行验证性因子分析，结果整理如表 4 – 6 所示。

表 4 – 6 员工创造力变量验证性因子分析结果

题项		变量	Estimate	S. E.	C. R.	P	STD	SMC	(1 – SMC)	AVE	CR
Ygcz1	←		1				0.912	0.494	0.506		
Ygcz2	←		0.674	0.025	27.145	***	0.732	0.533	0.467		
Ygcz3	←	员工创造力	0.645	0.025	26.248	***	0.717	0.497	0.503	0.531	0.936
Ygcz4	←		0.645	0.024	26.951	***	0.729	0.458	0.542		
Ygcz5	←		0.671	0.025	26.681	***	0.725	0.492	0.508		
Ygcz6	←		0.672	0.025	27.300	***	0.734	0.466	0.534		

题项	变量		Estimate	S. E.	C. R.	P	STD	SMC	(1 - SMC)	AVE	CR
Ygcz7	←		0.639	0.026	24.943	***	0.695	0.484	0.516		
Ygcz8	←		0.611	0.025	24.202	***	0.682	0.539	0.461		
Ygcz9	←		0.633	0.025	25.298	***	0.702	0.525	0.475		
Ygcz10	←	员工创造力	0.600	0.025	23.894	***	0.677	0.531	0.469	0.531	0.936
Ygcz11	←		0.645	0.025	25.493	***	0.705	0.515	0.485		
Ygcz12	←		0.668	0.025	27.036	***	0.730	0.536	0.464		
Ygcz13	←		0.631	0.025	25.386	***	0.703	0.832	0.168		

由表 4 - 6 可知，员工创造力变量 AVE 值为 0.531，大于 0.5 的临界值；CR 值为 0.936，大于 0.7 的临界值，说明员工创造力问卷效度较好。

4. 员工士气

使用 Amos 23.0 对员工士气问卷进行验证性因子分析，结果整理如表 4 - 7 所示。

表 4 - 7　　　　　　　员工士气变量验证性因子分析结果

维度及题项	变量		Estimate	S. E.	C. R.	P	STD	SMC	(1 - SMC)	Ave	CR
监管	←		1				0.521	0.237	0.763		
工作投入	←	员工士气	0.639	0.123	5.199	***	0.487	0.233	0.767		
工作满意度	←		0.926	0.176	5.275	***	0.483	0.272	0.728		
Sqjg1	←		1				0.929	0.550	0.450		
Sqjg2	←		0.631	0.023	27.269	***	0.721	0.845	0.155		
Sqjg3	←	监管	0.579	0.023	25.607	***	0.695	0.561	0.439	0.551	0.948
Sqjg4	←		0.665	0.023	28.558	***	0.740	0.568	0.432		
Sqjg5	←		0.654	0.024	27.572	***	0.726	0.569	0.431		

续表

维度及题项		变量	Estimate	S. E.	C. R.	P	STD	SMC	(1 - SMC)	Ave	CR
Sqjg6	←		0.604	0.023	26.625	***	0.711	0.579	0.421		
Sqjg7	←		0.645	0.024	27.165	***	0.720	0.557	0.443		
Sqjg8	←		0.624	0.024	26.229	***	0.705	0.552	0.448		
Sqjg9	←		0.630	0.023	27.545	***	0.725	0.542	0.458		
Sqjg10	←	监管	0.612	0.023	26.203	***	0.705	0.567	0.433	0.551	0.948
Sqjg11	←		0.624	0.023	26.865	***	0.715	0.794	0.206		
Sqjg12	←		0.586	0.024	24.892	***	0.683	0.647	0.353		
Sqjg13	←		0.623	0.023	26.533	***	0.710	0.657	0.343		
Sqjg14	←		0.593	0.017	34.205	***	0.810	0.504	0.496		
Sqjg15	←		0.583	0.017	33.673	***	0.804	0.467	0.533		
Sqmy1	←		1				0.891	0.511	0.489		
Sqmy2	←		0.693	0.027	25.863	***	0.753	0.497	0.503		
Sqmy3	←	工作满意度	0.643	0.026	25.023	***	0.736	0.526	0.474	0.602	0.883
Sqmy4	←		0.683	0.027	25.373	***	0.743	0.497	0.503		
Sqmy5	←		0.676	0.026	25.524	***	0.746	0.518	0.482		
Sqtr5	←		1				0.761	0.506	0.494		
Sqtr4	←		1.034	0.045	22.744	***	0.755	0.527	0.473		
Sqtr3	←	工作投入	0.997	0.044	22.703	***	0.753	0.548	0.452	0.612	0.904
Sqtr2	←		0.998	0.044	22.554	***	0.749	0.483	0.517		
Sqtr1	←		1.563	0.055	28.339	***	0.919	0.520	0.480		
Sqtr6	←		0.969	0.043	22.300	***	0.742	0.862	0.138		

由表 4 - 7 可知，监管维度 AVE 值为 0.551，工作满意度维度 AVE 值为 0.602，工作投入维度 AVE 值为 0.612，均大于 0.5 的临界值；监管维度 CR 值为 0.948，工作满意度维度 CR 值为 0.883，工作投入维度 CR 值为 0.904，均大于 0.7 的临界值，说明员工士气问卷效度较好。

4.2.5 相关性分析

对各维度的题项求算术平均值得到维度均值，利用 Spss 23.0 使用维度均值计算问卷各个维度的皮尔逊相关系数，结果如表 4 – 8 所示。可知，各个维度相关系数最小为 0.230（员工士气变量工作投入维度与精神领导力变量希望维度），最大为 0.515（员工士气变量监管维度与员工创造力变量），但均小于 0.7 的临界值，表明各变量及维度之间并不存在多重共线性，同时各个变量维度之间具有显著的相关性（p 值小于 0.001），可以进行回归分析。

表 4 – 8　　　　研究变量维度间皮尔逊相关系数

变量及维度	平均值	标准差	1	2	3	4	5	6	7	8
精神领导力——愿景	4.229	1.350	1							
精神领导力——希望	4.222	1.352	0.314 ***	1						
精神领导力——利他之爱	4.183	1.300	0.309 ***	0.276 ***	1					
信任领导	4.203	1.173	0.349 ***	0.321 ***	0.391 ***	1				
员工士气——满意	4.195	1.346	0.292 ***	0.334 ***	0.346 ***	0.394 ***	1			
员工创造力	4.222	1.136	0.379 ***	0.291 ***	0.396 ***	0.450 ***	0.356 ***	1		
员工士气——投入	4.238	1.346	0.298 ***	0.230 ***	0.315 ***	0.409 ***	0.260 ***	0.426 ***	1	
员工士气——监管	4.197	1.137	0.353 ***	0.362 ***	0.365 ***	0.503 ***	0.282 ***	0.515 ***	0.283 ***	1

注：* 表示 $p < 0.05$，** 表示 $p < 0.01$，*** 表示 $p < 0.001$。

4.3　方差分析

使用 Spss 23.0 软件按照五个样本特征值（性别、年龄、职位、所在企业性质、服务行业）对各个变量维度进行方差分析。根据方差分析结果，样本特征值的五个内容中，除了年龄对精神领导力的希望维度有显著的区分（$p = 0.035^*$）外，其他特征值均无显著区分性，具体见图 4 – 2 ~ 图 4 – 6。

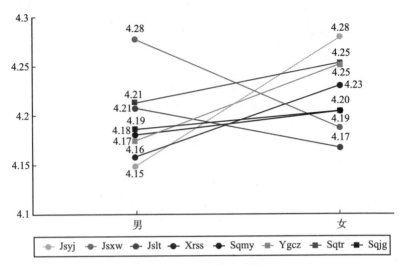

图 4 - 2　性别变量方差分析

注：Jsyj 为精神领导力愿景维度，Jsxw 为精神领导力希望维度，Jslt 为精神领导力利他之爱维度，Xrss 为信任领导变量，Ygcz 为员工创造力变量，Sqmy 为员工士气的工作满意度维度，Sqtr 为员工士气的工作投入维度，Sqjg 为员工士气的监管维度。下同。

对于不同年龄阶段，希望维度的差异容易理解。而图 4 - 2 中，除希望与利他之爱两个维度高于女性，男性各维度均值均低于女性，这与传统观点认为的女性更具人文关怀的内容并不一致；但这种差异并不显著。

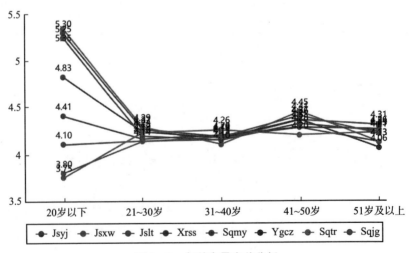

图 4 - 3　年龄变量方差分析

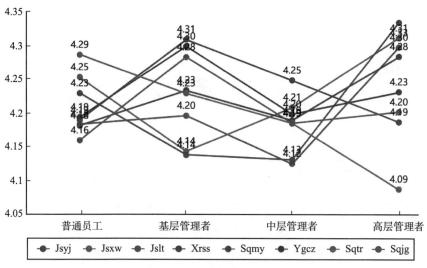

图4-4　职位变量方差分析

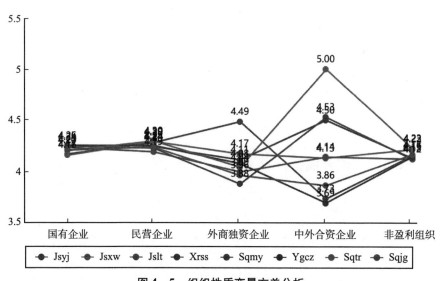

图4-5　组织性质变量方差分析

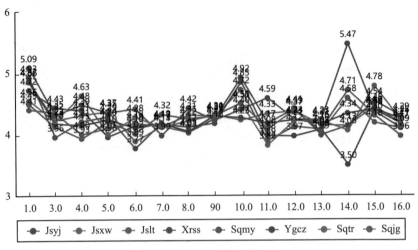

图 4 - 6　行业变量方差分析

注：横轴数值对应行业见表 4 - 1。

可以认为不同性别、年龄、职位、组织类型和行业的员工在精神领导力、员工士气、员工创造力、信任等的 8 个维度上均不存在显著差异，可以将不同分类下的样本值进行合并反映。

4.4　假设检验

4.4.1　统合模型检验

根据前文研究模型（见图 3 - 1）和假设（见表 3 - 1），将精神领导力、员工士气、员工创造力和信任领导建立结构方程模型进行假设检验。使用 Amos 23.0 进行结构方程模型数据分析，构建综合模型（模型 1），及其具体标准化系数结果如图 4 - 7 所示。将该模型适配度系数整理如表 4 - 9 所示，标准化路径系数结果整理如表 4 - 10 所示。根据表 4 - 9

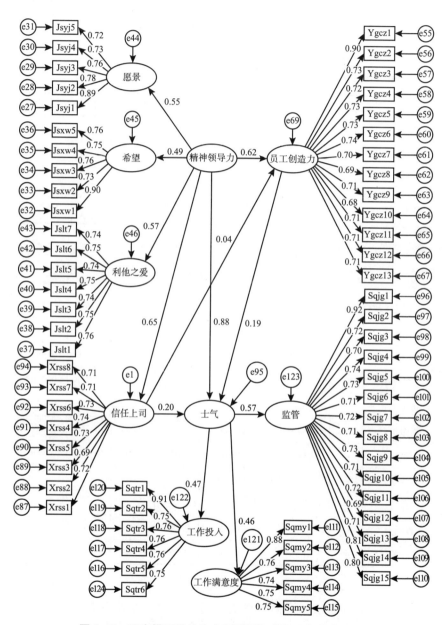

图 4 - 7　研究模型的结构方程模型标准化系数输出结果

可知，本研究模型中，CMIN/DF、NFI、IFI、TLI、CFI、GFI、RMSEA、CFI 等模型适配度指标均符合标准，故综合模型适配度很好。

表 4 - 9　　　　　　　　　综合模型适配度系数

变量	CMIN	df	CMIN/DF	NFI	IFI	TLI	CFI	GFI	RMSEA
模型 1	3527. 999	1940	1. 819	0. 901	0. 953	0. 951	0. 953	0. 882	0. 031
标准值			< 3	> 0. 9	> 0. 9	> 0. 9	> 0. 9	> 0. 9	< 0. 08

表 4 - 10　　　　　　　　综合模型标准化路径系数

Dependent variable		Independent variable	Standardized Estimate	Estimate	S. E.	C. R.	P
信任领导	←	精神领导力	0. 647	1. 087	0. 115	9. 48	***
员工创造力	←	精神领导力	0. 623	1. 047	0. 159	6. 569	***
员工士气	←	精神领导力	0. 883	0. 903	0. 164	5. 495	***
员工创造力	←	信任领导	0. 041	0. 041	0. 068	0. 603	0. 547
员工士气	←	信任领导	0. 201	0. 122	0. 051	2. 408	0. 016 *
员工士气	←	员工创造力	0. 187	0. 114	0. 051	2. 245	0. 025 *
希望	←	精神领导力	0. 494	0. 916	0. 094	9. 795	***
利他之爱	←	精神领导力	0. 573	1. 045	0. 097	10. 798	***
愿景	←	精神领导力	0. 546	1			
监管	←	员工士气	0. 574	1			
工作满意度	←	员工士气	0. 462	0. 799	0. 069	11. 616	***
工作投入	←	员工士气	0. 472	0. 567	0. 049	11. 48	***

如表 4 - 10 所示，精神领导力对员工士气（标准化系数为 0. 883，$P < 0.001$）有显著的正向影响，精神领导力对员工创造力（标准化系数为 0. 623，$P < 0.001$）有显著的正向影响，精神领导力对信任领导

（标准化系数为 0.647，P < 0.001）有显著的正向影响，信任领导对员工士气（标准化系数为 0.201，P < 0.05）有显著的正向影响，员工创造力对员工士气（标准化系数为 0.187，P < 0.05）有显著的正向影响。根据模型 1 结果，可证明假设 1、假设 2、假设 4、假设 5、假设 6 成立，假设 3 不成立。

假设 3 不成立，说明信任领导与员工创造力之间并没有显著相关关系，信任领导对员工创造力（P > 0.05）无显著影响。之前也曾有研究认为信任与创造力之间并不具有正向联系（Chen，Chang & Hung，2008）。例如，比道尔特和卡斯特略（Bidault & Castello，2010）认为过度的信任或不信任都会对员工创新和创造力产生不利影响；西蒙斯和彼得森（Simons & Peterson，2000）认为过度的人际信任会由于误解和错误归因而使得创新工作由任务冲突升级为关系冲突；王红丽和长笙钧（2016）认为过度信任会导致员工压力和制度性的角色负荷，甚至导致情绪耗竭。

在本书研究模型中，信任领导与员工创造力不存在显著相关性可能的原因是：一方面，员工创造力更多地来自精神领导力的解释能力，从而在综合模型中弱化了信任领导变量的解释能力（下文会进一步进行单独的信任领导与员工创造力之间的关系分析，其结果是显著的）；另一方面，信任领导本身可能会是一种压力，对员工而言，更多地做好本职工作是信任领导的表现；而创新意味着突破界限和违背传统规则，这是一种不够信任领导的表现。

4.4.2 变量各维度的假设检验

在综合模型中，进行了变量间相关关系的假设检验。现继续对变量各维度之间的理论假设（子假设）内容进行检验。

1. 精神领导力各维度与信任领导

为验证精神领导力各维度与信任领导变量之间的关系，构建精神领导力各维度与信任领导之间的关系模型 2（精神领导力的愿景、希望、利他之爱维度与信任领导关系模型），使用 Amos 23.0 进行数据分析，将模型 2 适配度系数整理如表 4 – 11 所示，标准化路径系数整理如表 4 – 12 所示。根据表 4 – 11 可知，模型 2 中各适配度指标均符合标准，故模型 2 的适配度很好。模型 2 考察精神领导力各维度对信任领导的影响；愿景维度对信任领导的标准化路径系数为 0.21，希望维度对信任领导的标准化路径系数为 0.158，利他之爱维度对信任领导的标准化路径系数为 0.28；各回归系数在 0.05 显著性水平上显著地不等于 0，且系数大于 0。所以，愿景、希望、利他之爱维度分别对信任领导有显著的正向影响，假设 1.1、假设 1.2、假设 1.3 得到证明。

表 4 – 11　　　　　各维度变量构建模型拟合优度结果汇总

	CMIN	df	CMIN/DF	NFI	IFI	TLI	CFI	GFI	RMSEA
模型 2	706.833	269	2.628	0.943	0.964	0.960	0.964	0.940	0.044
模型 3	1277.210	521	2.451	0.931	0.958	0.955	0.958	0.917	0.041
模型 4	364.644	188	1.940	0.965	0.983	0.980	0.983	0.964	0.033
模型 5	1934.828	851	2.274	0.918	0.952	0.949	0.952	0.940	0.039
模型 6	1946.182	854	2.279	0.917	0.952	0.949	0.952	0.940	0.039
模型 7	840.087	399	2.105	0.945	0.970	0.967	0.970	0.940	0.036
模型 8	1448.259	696	2.081	0.932	0.963	0.961	0.963	0.918	0.036
参考标准值			<3	>0.9	>0.9	>0.9	>0.9	>0.9	<0.08

表 4 – 12　　　精神领导力各维度与信任领导模型标准化路径系数

	Dependent variable		Independent variable	Standardized Estimate	Estimate	S.E.	C.R.	P	结论
模型 2	信任领导	←	愿景	0.21	0.194	0.034	5.636	***	支持假设 1.1
		←	希望	0.158	0.144	0.033	4.326	***	支持假设 1.2
		←	利他之爱	0.28	0.260	0.034	7.702	***	支持假设 1.3

2. 信任领导与员工士气各维度

为验证信任领导与员工士气各维度之间的关系，构建信任领导与员工士气各维度之间的关系模型3（信任领导与员工士气的监管、工作投入、工作满意度维度的关系模型），使用 Amos 23.0 进行分析，将模型3适配度系数整理如表4-11所示，标准化路径系数整理如表4-13所示。

根据表4-11可知，模型3中各模型适配度指标均符合标准，故模型适配度很好。根据表4-13可知信任领导对监管维度的标准化路径系数为0.488，信任领导对工作投入维度的标准化路径系数为0.402，信任领导对工作满意度维度的标准化路径系数为0.389。各回归系数在0.05显著性水平上显著地不等于0，且系数大于0；所以，信任领导对监管、工作投入、工作满意度有显著的正向影响，假设2.1、假设2.2、假设2.3得到支持。

表4-13　　　　信任领导与员工士气各维度模型标准化路径系数

	Dependent variable		Independent variable	Standardized Estimate	Estimate	S. E.	C. R.	P	结论
模型3	监管	←	信任领导	0.488	0.517	0.036	14.369	***	支持假设2.1
	工作投入	←		0.402	0.292	0.027	10.826	***	支持假设2.2
	工作满意度	←		0.389	0.41	0.038	10.682	***	支持假设2.3

3. 信任领导与员工创造力

为验证信任领导与员工创造力之间的关系，构建信任领导与员工创造力变量之间的关系模型4。使用 Amos 23.0 进行分析，将模型4适配度系数整理如表4-11所示，标准化路径系数整理如表4-14所示。

表 4 – 14　　　　信任领导与员工创造力模型标准化路径系数

	Dependent variable		Independent variable	Standardized Estimate	Estimate	S. E.	C. R.	P	结论
模型 4	员工创造力	←	信任领导	0.435	0.432	0.035	12.501	***	支持假设 3

根据表 4 – 11 可知，模型 4 中各模型适配度指标均符合标准值，故模型适配度很好。根据表 4 – 13 可知，信任领导对员工创造力的回归系数为 0.435，在 0.05 显著性水平上显著地不等于 0，且系数大于 0；所以，信任领导与员工创造力显著地正向相关，假设 3 得到支持。

根据综合模型 1 中的研究结论，信任领导与员工创造力之间不存在显著的相关关系，而在模型 4 中两者之间存在显著的相关关系。出现这种相反结论的原因推测为在综合模型中，精神领导力对员工创造力的解释能力更强，从而弱化了信任领导对员工创造力的影响。

4. 精神领导力与员工士气各维度

构建精神领导力维度与员工士气维度之间的关系模型，包括模型 5（愿景、希望、利他之爱维度与员工士气）、模型 6（精神领导力与员工士气的监管、工作投入、工作满意度维度），使用 Amos 23.0 进行分析并将模型 5、模型 6 适配度系数整理如表 4 – 17 所示，标准化路径系数整理如表 4 – 15 所示。

表 4 – 15　　　精神领导力维度与员工士气维度模型标准化路径系数

	Dependent variable		Independent variable	Standardized Estimate	Estimate	S. E.	C. R.	P	结论
模型 5	员工士气	←	愿景	0.348	0.183	0.027	6.87	***	支持假设 4.1
		←	希望	0.374	0.194	0.026	7.405	***	支持假设 4.2
		←	利他之爱	0.453	0.240	0.027	8.773	***	支持假设 4.3

	Dependent variable		Independent variable	Standardized Estimate	Estimate	S. E.	C. R.	P	结论
模型6	监管	←	精神领导力	0.571	0.995	0.099	10.015	***	支持假设4.4
	工作投入	←		0.470	0.562	0.065	8.642	***	支持假设4.5
	工作满意度	←		0.537	0.928	0.098	9.484	***	支持假设4.6

根据表4-11可知，模型5、模型6中各模型适配度指标均符合标准，故模型适配度很好。在模型5中，考察精神领导力各维度对员工士气的影响能力。可以看到愿景维度对员工士气的标准化路径系数为0.348，希望维度对员工士气的标准化路径系数为0.374，利他之爱维度对员工士气的标准化路径系数为0.453。各回归系数在0.05显著性水平上显著地不等于0，且系数大于0。所以，愿景、希望、利他之爱维度与员工士气显著地正向相关，假设4.1、假设4.2、假设4.3得到支持。在模型6中，考察精神领导力对员工士气各维度的影响能力。可以看到精神领导力对监管维度的标准化路径系数为0.571，精神领导力对工作投入维度的标准化路径系数为0.470，精神领导力对工作满意度维度的标准化路径系数为0.537。各回归系数在0.05显著性水平上显著地不等于0，且系数大于0。所以，精神领导力对员工士气的监管、工作投入、工作满意度维度有显著的正向影响，假设4.4、假设4.5、假设4.6得到证明。

5. 精神领导力各维度与员工创造力

为验证精神领导力各维度与员工创造力之间的关系，构建精神领导力各维度与员工创造力之间的关系模型7（精神领导力的愿景、希望、利他之爱维度与员工创造力），使用Amos 23.0进行分析，将模型7适配度系数整理如表4-11所示，标准化路径系数整理如表4-16所示。

表 4 – 16 精神领导力维度与员工创造力模型标准化路径系数

	Dependent variable		Independent variable	Standardized Estimate	Estimate	S. E.	C. R.	P	结论
模型 7	员工创造力	←	愿景	0.254	0.183	0.027	6.87	***	支持假设 5.1
		←	希望	0.118	0.194	0.026	7.405	***	支持假设 5.2
		←	利他之爱	0.279	0.240	0.027	8.773	***	支持假设 5.3

根据表 4 – 11 可知，模型 7 适配度指标均符合标准，故模型适配度很好。根据表 4 – 16 可知，愿景维度对员工创造力的标准化路径系数为 0.254，希望维度对员工创造力的标准化路径系数为 0.118，利他之爱维度对员工创造力的标准化路径系数为 0.279；各回归系数在 0.05 显著性水平上显著地不等于 0，且系数大于 0。所以，精神领导力的愿景、希望、利他之爱维度对员工创造力有显著的正向影响，假设 5.1、假设 5.2、假设 5.3 得到证明。

6. 员工创造力与员工士气各维度

为验证员工创造力与员工士气各维度之间的关系，构建员工创造力与员工士气各维度之间的关系模型 8（员工创造力与员工士气的监管、工作投入、工作满意度维度），使用 Amos 23.0 进行分析，将模型 8 适配度系数整理如表 4 – 11 所示，标准化路径系数整理如表 4 – 17 所示。

表 4 – 17 员工创造力与员工士气各维度模型标准化路径系数

	Dependent variable		Independent variable	Standardized Estimate	Estimate	S. E.	C. R.	P	结论
模型 8	监管	←	员工创造力	0.502	0.532	0.035	15.089	***	支持假设 6.1
	工作投入	←		0.416	0.303	0.027	11.382	***	支持假设 6.2
	工作满意度	←		0.343	0.364	0.038	9.497	***	支持假设 6.3

在模型8中，考察员工创造力对员工士气各维度的影响能力。根据表4－11可知，模型8适配度指标均符合标准，故模型适配度很好。由表4－17可以看到员工创造力对监管维度的标准化路径系数为0.502，员工创造力对工作投入维度的标准化路径系数为0.416，员工创造力对工作满意度维度的标准化路径系数为0.343；各回归系数在0.05显著性水平上显著地不等于0，且系数大于0。所以，员工创造力对员工士气的监管、工作投入、工作满意度维度有显著的正向影响。假设6.1、假设6.2、假设6.3得到证明。

4.4.3　中介效应检验

1. 信任在精神领导力与员工士气之间的中介作用

使用SPSSAU通过Bootstrap抽样法重复抽样1000次对信任领导在精神领导力与员工士气的中介效应构建模型9进行检验，结果整理如表4－18所示。

表4－18　　信任在精神领导力与员工士气之间中介作用的模型检验结果

变量	员工士气	信任领导	员工士气
常数	1.797 (16.148**)	1.732 (11.120**)	1.242 (11.657**)
精神领导力	0.573 (22.232**)	0.587 (16.278**)	0.385 (14.572**)
信任领导			0.320 (14.610**)
样本量	850	850	850
R^2	0.368	0.238	0.495
调整 R^2	0.367	0.237	0.494
F 值	$F(1, 848) = 494.261$ $p = 0.000$	$F(1, 848) = 264.974$ $p = 0.000$	$F(2, 847) = 415.763$ $p = 0.000$

注：*表示$p < 0.05$，**表示$p < 0.01$。

即存在模型：

①员工士气 $= 1.797 + 0.573^{**}$ 精神领导力

②信任领导 $= 1.732 + 0.587^{**}$ 精神领导力

③员工士气 $= 1.242 + 0.385^{**}$ 精神领导力 $+ 0.320^{**}$ 信任领导

可见，精神领导力和信任领导对员工士气的解释能力均显著。加入信任领导变量后，构建的共同方程结果也成立，且模型的解释能力显著提升，即调整后 R^2 由 36.7% 上升至 49.4%。

进一步使用 Bootstrap 抽样法对信任的中介作用进行检验，如表 4-19 所示。可见，模型中 a 和 b 显著，c' 显著，且 $a*b$ 与 c' 同号，则信任为精神领导力与员工士气的部分中介作用成立，即假设 7 成立。

表 4-19　信任在精神领导力与员工士气之间的中介作用检验结果

项	c 总效应	a	b	a*b 中介效应	a*b (95% Boot CI)	c' 直接效应	检验结论
精神领导力⇒信任领导 ⇒员工士气	0.573^{**}	0.587^{**}	0.320^{**}	0.188	0.170 ~ 0.228	0.385^{**}	部分中介

注：$*$ 表示 $p < 0.05$，$**$ 表示 $p < 0.01$。

对信任领导变量的部分中介作用占比进行计算，结果如表 4-20 所示。可见，部分中介效应占比为 32.85%。

表 4-20　信任在精神领导力与员工士气之间的中介作用效应量结果

项	检验结论	c 总效应	a*b 中介效应	c' 直接效应	效应占比 计算公式	效应占比
精神领导力⇒信任领导 ⇒员工士气	部分中介	0.573	0.188	0.385	a*b/c	32.849%

2. 信任在精神领导力与员工创造力之间的中介作用

使用 SPSSAU 通过 Bootstrap 抽样法重复抽样 1000 次对信任领导在精神领导力与员工创造力之间的中介效应构建模型 10 进行检验，结果如表 4 – 21 所示。

表 4 – 21　　信任在精神领导力与员工创造力之间中介作用的模型检验结果

	员工创造力	信任领导	员工创造力
常数	1.818 (12.066**)	1.732 (11.120**)	1.354 (8.732**)
精神领导力	0.571 (16.374**)	0.587 (16.278**)	0.414 (10.773**)
信任领导			0.268 (8.387**)
样本量	850	850	850
R^2	0.240	0.238	0.298
调整 R^2	0.239	0.237	0.297
F 值	$F(1, 848) = 268.119$ $p = 0.000$	$F(1, 848) = 264.974$ $p = 0.000$	$F(2, 847) = 180.194$ $p = 0.000$

注: * 表示 $p < 0.05$, ** 表示 $p < 0.01$。

即存在模型:

④员工创造力 = 1.818 + 0.571** 精神领导力

⑤信任领导 = 1.732 + 0.587** 精神领导力

⑥员工创造力 = 1.354 + 0.414** 精神领导力 + 0.268** 信任领导

由表 4 – 21 可知，精神领导力和信任领导对员工创造力的解释能力均显著。加入信任领导变量后，构建的共同方程结果也显著，且模型的解释能力显著提升，即 R^2 由 23.9% 上升为 29.7%。

进一步使用 Bootstrap 抽样法对信任的中介作用进行检验，如表 4 – 22

所示。可见，模型中 a 和 b 显著，c'显著，且 a * b 与 c'同号，则信任为精神领导力与员工创造力的部分中介作用成立，即假设 8 成立。

表 4 - 22　信任在精神领导力与员工创造力之间的中介作用检验结果

项	c 总效应	a	b	a * b 中介效应	a * b (95% Boot CI)	c' 直接效应	检验结论
精神领导力⇒信任领导 ⇒员工创造力	0.571**	0.587**	0.268**	0.157	0.102 ~ 0.168	0.414**	部分中介

注：* 表示 $p < 0.05$，** 表示 $p < 0.01$。

对信任领导变量的部分中介作用占比进行计算，结果如表 4 - 23 所示，可知部分中介效应占比为 27.53%。

表 4 - 23　信任在精神领导力与员工创造力之间的中介作用效应量结果

项	检验结论	c 总效应	a * b 中介效应	c' 直接效应	效应占比 计算公式	效应占比
精神领导力⇒信任领导 ⇒员工创造力	部分中介	0.571	0.157	0.414	a * b / c	27.529%

4.4.4　假设检验小结

根据假设检验结论，验证后的研究模型如图 4 - 8 所示。

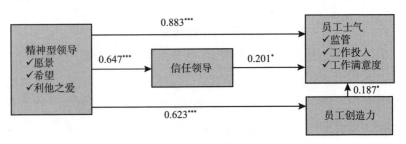

图 4 - 8　验证成立的研究模型

将各个理论假设的检验结果整理如表4 – 24所示。

表4 – 24　　　　　　　　各理论假设验证结果汇总

序号	编号	假设内容	验证结果	对应模型
1	假设1	精神领导力对信任领导有显著正向影响	成立	模型1
2	假设1.1	愿景对信任领导有显著正向影响	成立	模型2
3	假设1.2	希望对信任领导有显著正向影响	成立	
4	假设1.3	利他之爱对信任领导有显著正向影响	成立	
5	假设2	信任领导对员工士气有显著正向影响	成立	模型1
6	假设2.1	信任领导对监管有显著正向影响	成立	模型3
7	假设2.2	信任领导对工作投入有显著正向影响	成立	
8	假设2.3	信任领导对工作满意度有显著正向影响	成立	
9	假设3	信任领导对员工创造力有显著正向影响	部分成立	模型1（不成立）、模型4（成立）
10	假设4	精神领导力对员工士气有显著正向影响	成立	模型1
11	假设4.1	愿景对员工士气有显著正向影响	成立	模型5
12	假设4.2	希望对员工士气有显著正向影响	成立	
13	假设4.3	利他之爱对员工士气有显著正向影响	成立	
14	假设4.4	精神领导力对监管有显著正向影响	成立	模型6
15	假设4.5	精神领导力对工作投入有显著正向影响	成立	
16	假设4.6	精神领导力对工作满意度有显著正向影响	成立	
17	假设5	精神领导力对员工创造力有显著正向影响	成立	模型1
18	假设5.1	愿景对员工创造力有显著正向影响	成立	模型7
19	假设5.2	希望对员工创造力有显著正向影响	成立	
20	假设5.3	利他之爱对员工创造力有显著正向影响	成立	
21	假设6	员工创造力对员工士气有显著正向影响	成立	模型1
22	假设6.1	员工创造力对监管有显著正向影响	成立	模型8
23	假设6.2	员工创造力对工作投入有显著正向影响	成立	
24	假设6.3	员工创造力对工作满意度有显著正向影响	成立	

序号	编号	假设内容	验证结果	对应模型
25	假设7	信任在精神领导力与员工士气之间起中介作用	成立	模型1、模型9
26	假设8	信任在精神领导力与员工创造力之间起中介作用	成立	模型1、模型10

根据实证研究结果，得到结论如下：（1）精神领导力正向影响对领导的信任，且精神领导力的愿景、希望和利他之爱三个维度均对信任有显著的正向影响；（2）对领导的信任正向影响员工士气，且信任正向影响员工士气的监管、工作投入和工作满意度三个维度；（3）精神领导力正向影响员工士气，且精神领导力的三个维度对员工士气均有显著的正向影响，精神领导力对员工士气的三个维度均有显著的正向影响；（4）精神领导力正向影响员工创造力，且精神领导力的三个维度对员工创造力均有显著的正向影响；（5）信任在精神领导力对员工创造力的影响过程中起中介作用；（6）信任在精神领导力对员工士气的影响过程中起中介作用。综合模型证明了精神领导力对员工影响的方式和路径，即精神领导力正向影响员工士气和员工创造力，信任领导在其中均起部分中介作用。

第 5 章

研究结论与展望

5.1 研究结论

根据理论研究和实证分析的内容，对主要结论、理论贡献和实践建议总结如下。

5.1.1 理论分析与总结

1. 精神领导力的理论基础

尽管在产业革命时代，物质激励机制的确对工人生产效能提升等产生了重要的影响，但是随着人类社会经济、文明水平的提升，人们对精神需求的要求也越来越高。所以，精神激励机制将逐步取代物质激励机制占相对的主导地位。物质激励机制也将会和精神激励机制相互促进、缺一不可，共同满足着人类在各个阶段和程度上的物质需要和精神需求。符合"物质生产决定精神生产，同时精神生产对物质生产有促进作用"这一马克思精神生产理论的基本内容。

在近年来的研究中，研究者们更关注精神激励机制对员工的影响。精神激励机制的最主要目的就是满足员工的精神需求，调动员工的内在动机，促进员工精神状态改善与发展；在此基础上，根据不同等级、不同职业、不同个性的员工实施针对性的精神激励方案，增强工作积极性，并达到现代组织的总体愿景和绩效目标。

根据自我决定理论，对企业组织的领导者而言，需要说明员工具体工作任务对组织愿景、使命、战略的价值，提供员工工作过程中、生活上的沟通与支持，激发其对工作的精神需求，使员工内化企业组织愿景，通过将企业战略愿景与自身职业发展相结合，从而激发员工工作的内在动机，促使其发现工作过程中的趣味性和满足感；进而激发员工工作热情，实现组织绩效的提升。

将精神智力应用于组织和领导领域中，强调了领导者精神素养的重要性。同时应该注重在商业环境中，个人（包括领导者及员工）持续对抗压力和应对挑战的能力。从领导情境理论来看，精神智力可能成为精神领导力的前因变量，对精神领导力有较重要的影响。

精神领导力的理论基础之一就是职场精神性，精神领导力就是从领导理论出发来研究职场精神性内容。员工的精神性内容——包括员工士气——也包含在职场精神性的范围内。同时，领导者的精神性内容与员工的精神性内容两者是相互影响、相互发展的动态互动系统（Jiang et al.，2023）。对精神领导力对员工士气和创造力的影响过程进行分析，有利于丰富职场精神性的理论内容。

2. 精神领导力的理论内容

精神领导力是从精神层面对员工进行激励，通过信任建立领导与个人精神价值之间的联系，重视追随者的价值感受，主张通过领导者来满足追随者对精神的基本需求，来获得有益于个体、群体（或团队）和组织乃至社会的积极结果。

精神领导力包括愿景、希望、利他之爱三个维度。领导者通过对未来组织愿景的描述，完成对员工的精神激励，引领员工将个人愿景与组织愿景统一，从而实现组织目标和领导绩效。希望/信念是相信组织的愿景、目的和使命将会实现的源泉。将愿景转化为具有挑战性且可行目标，有助于提高人们的信心，也有助于设定和接受具有挑战性的目标。高绩效的组织将战略转化为具体的人力资源战略，以确保员工的能力、授权，并充分参与实现使命和愿景。希望是愿景能够实现的信心，愿景设定后，能不能够实现，如何实现是通过希望维度来满足的。希望是愿景实现的保障。利他之爱是一种通过对自己和他人的关心和欣赏而产生的完整感、和谐感和幸福感。利他之爱的基础是诸如正直、耐心、善良、宽恕、接受、感激、谦逊、勇气、信任、忠诚和同情心等价值观。这些价值观是团队合作的关键，从而形成了一种重视和欣赏员工的文化。利他之爱的组织文化和氛围，是愿景实现的具体手段和方式，是希望的源泉。精神领导力以内在生活为源泉，以利他之爱为文化基础，希望/信念是对服务主要利益相关者愿景的推动。进一步来说，利他之爱创造了希望/信念所必需的信任，是工作自我激励的源泉，并由此激发对愿景的积极信念。希望/信念为完成工作增加信念、信任和行动。同时这三个核心维度高度相关，构成了一个正向影响归属感与使命感的更高层次上的精神福祉，这有益于产生有利于个人和组织的积极结果。精神领导力的本质是"通过希望/信仰的愿景，基于利他之爱为他人服务"，这是基于对真正幸福的觉察、意识和追求。

精神领导力影响的因素较为广泛，集中在组织成员的精神和创新两方面。组织成员精神方面的内容包括工作满意度、生活幸福感、组织自尊、主动性行为、责任感、使命感、忠诚度等；组织成员创新方面包括组织创造力，员工创新、知识分享等。这些研究支持了精神领导力对员工和组织精神的引领作用，为在实践中对精神需求的激发和干预提供了理论依据。但在这些研究中，对精神领导力影响组织成员精神性和创新性具体过程和路径的研究较少，其具体的理论依据和实证检验相对匮乏。

精神领导意味着形成一种工作环境，在这种以信任和人文价值为基础的环境中，人们可以充分展示他们的才能。通过精神领导力，员工在提升精神需求的前提下，对领导者会产生较为信任的态度。这时，领导与成员形成了较高层次的工作关系，这种良好的工作关系会鼓舞员工士气，增强员工创造力，增进员工表现和绩效，提升组织精神文化，形成组织内较高层次的职场精神性内容。职场精神性的提升会形成企业独特的竞争优势，有利于企业应对复杂多变的经营环境和成员较高层次的精神追求。

3. 精神领导力实证分析结论

本书基于精神领导力对员工创造力和员工士气的理论分析，使用问卷调查的方法对中国组织中的员工和领导进行数据收集，并使用Spss 和 Amos 进行数据分析和结构方程模型检验，实证研究结果证明：（1）精神领导力正向影响对领导的信任，且精神领导力的三个维度（愿景、希望和利他之爱）均对信任有显著的正向影响；（2）对领导的信任正向影响员工士气，且信任正向影响员工士气的三个维度（监管、工作投入和工作满意度）；（3）精神领导力正向影响员工士气，且精神领导力的三个维度对员工士气均有显著的正向影响，精神领导力对员工士气的三个维度均有显著的正向影响；（4）精神领导力正向影响员工创造力，且精神领导力的三个维度对员工创造力均有显著的正向影响；（5）信任在精神领导力对员工创造力的影响过程中起中介作用；（6）信任在精神领导力对员工士气的影响过程中起中介作用。综合模型证明了精神领导力对员工影响的方式和路径：即精神领导力正向影响员工士气和员工创造力，信任领导在这两个关系中均起部分中介作用。

同时，研究还发现：（1）精神内容对于领导力提升有重要作用。精神领导力通过信任领导对员工士气产生影响，尤其是对工作投入和工作满意度产生正向影响，说明领导内在生活的提升，对于企业员工绩效有激发的意义。为组织员工士气的提升，提供了途径和方法——在大变革环境下，领导者能够提供更多的"正能量"，有助于员工士气提升及组织绩效的完成。（2）员工创造力的激发，对于员工士气的提升有显著的正向影响。可以认为，对于需要创造力的工作人员，精神领导力对其创造力的激发有显著的正向影响。而创造力的提升会正向强化员工对良好工作氛围、对个人和组织的愿景期盼，从而有助于士气的提升。也可以将精神领导力与员工创造力视为一种工作氛围，在领导更加"正能量"，同事们更乐于"创新"的氛围中，员工士气也会提升。（3）在综合模型中，精神领导力对员工创造力存在显著的正向影响，而信任领导变量对员工创造力的直接影响并不显著。同时，单独考察信任领导对员工创造力的影响时，其结果是显著的。这说明员工创造力更多地受精神领导力的影响；精神领导力正向影响了对领导者的信任，从而间接影响了员工创造力。员工创造力与其是否信任领导并无直接关联。提升员工的创造力，还应更多地从提升其精神需求入手。

5.1.2 实践启示

本书研究证明了精神领导力对员工士气和创造力提升的正向作用，支持了信任领导在其中的中介作用。结合我国组织实践，现实中应用价值体现在以下两个方面。

1. 重视精神生活在工作场所中的意义

很多组织在工作场所中展开了内在精神实践活动并产生了较好的效果：HealthEast（美国一家提供医疗护理的全球机构）鼓励员工分享他们"真实时刻"的故事，这样做使病人和家属有机会形成对组织服务的印象，并培养员工的同情心，提高其服务意识（Benefiel，2005）。Sounds True（美国科罗拉多州的一家多媒体出版公司）因其公司愿景——"诚信的宗旨，人民的福祉，保持健康的利润"而闻名。公司鼓励员工"带着完整的自我去工作，以真实的方式与他人合作"（Fry et al.，2016）。这些针对内在生活而开展的实践活动，是为了满足员工精神需求进行的。重视员工精神生活，不仅能够提升员工的精神需求，激发其在工作过程中的内在动机；而且在组织内形成了特殊的精神氛围，在这种氛围下，员工的归属感增强，有利于提升组织服务的质量。

针对精神生活开展的员工实践活动，会因各个组织所在行业、员工特征等产生差异。组织应该如何设计和开展精神生活的活动，需要理论和实践的协同配合。我国不同地区文化差异较大，经济发展水平和贸易水平不同，组织文化具有区域间的差异性（亓朋等，2020）。同时，不同国家的社会文化与职场文化仍有较大差异，例如中国的近邻俄罗斯与韩国就处于不同文化领域，其营商环境、经济发展及职场文化等有较大差异（王纪孔等，2014；徐昱东，2019）。尤其在国际公司经营管理过程中，不仅要尊重员工精神需求，而且要针对性地提升员工精神生活，增强员工在工作过程中的"获得感"。

2. 重视精神素养在领导力提升中的意义

精神领导力理论模型可以为个人和组织提升领导力项目设计提供新的视角（Fry & Nisiewicz，2013；Fry et al.，2016）。现代生活中，工作占据了人们大部分的时间。在工作中形成一个精神上的组织（社区），通过组织内成员的沟通和交流，领导者的指引和帮助，员工精神需求被满足，进而发现其工作的目的和意义，提高其工作满意度和幸福感。这样的精神组织的形成和发展，需要所有成员的参与，也需要领导者规划形成愿景、组织内希望的文化和利他之爱的价值观。提升组织的精神领导力，要强调领导力发展中自我批评和反省等因素的重要作用，从而能够指导组织实施精神领导力的实践活动。

组织领导者应对组织战略有清晰的规划和认识，对员工精神需求的满足有规划，对组织文化和精神文化建设有蓝图和目标。同时，在选拔领导者时，应考虑其内在精神生活，更加"正能量"的领导，会更有助于员工士气的提升。

5.2 研究局限与展望

本书研究虽然得出了一些积极的结论，但也存在很多不足，现做如下总结：

（1）研究中只考察了一个中介变量——对领导者的信任，这样，并不能够与其他可能的中介变量进行中介作用的大小比较和分析。之后的研究中可以增加信任的维度，例如对组织信任和同事信任的内容。同时，弗赖伊等（Fry et al.，2016）强调了归属感和使命感在精神领导力作用过程中的调节作用，具体在中国文化情境下，调节作用的研究涉及内容较少，是值得后续研究的内容。

（2）精神领导力与员工士气都属于组织精神性的研究范畴，虽然书中对精神领导力的文化适用性进行了分析，但在特定文化背景下，对精神性内容的研究应更加具体。后续针对中国情境下精神领导力和员工士气的分析，可以使用访谈方式提取关键词，对其内容进行具体化分析，改进精神领导力和员工士气问卷的内容，对精神领导力的作用过程和作用逻辑进行更加细致的分析。

（3）根据精神领导力理论，领导层次对员工士气和创造力的影响是不同的。高层、中层和基层领导者对其领导范围内的员工，影响程度是不同的。本书研究中没有区分领导的层次，也没有对其影响程度进行区分。

（4）由于客观条件的限制，进行问卷调查时，通过问卷星网站派发问卷内容。对答题者没有进行过多的条件设定，进行实证研究中，方差分析也没有得出比较有价值的结论。如果针对特定行业或特定的研究对象设计匹配问卷，相信会得出更加丰富的结论。精神领导力作为意识形态内容，也与经济发展水平相关联。进行问卷调查时，被调查者多集中在东部省份，但是我国各地经济发展水平差异较大，考虑在后续研究中设定地区为控制变量，或者按照地区分类进行差异分析，相信也会得出有价值的结论。

参 考 文 献

［1］［美］Alexander Hiam. 激励员工：鼓舞士气之道［M］. 王予和，王舒娟，译. 上海：上海人民出版社，2002.

［2］Schaufeli，W. & 时勘. 工作投入的心理奥秘：活力·专注·奉献［M］. 北京：机械工业出版社. 2014.

［3］［美］爱德华·L. 德西（Edward L. Deci），［美］理查德·弗拉斯特（Richard Flaste）. 内在动机：自主掌控人生的力量［M］. 北京：机械工业出版社，2020.

［4］［美］安弗莎妮·纳哈雯蒂. 领导学：领导的艺术与科学（第七版）［M］. 刘永强，程德俊，译. 北京：中国人民大学出版社，2016.

［5］曹科岩，龙君伟，杨玉浩. 组织信任、知识分享与组织绩效关系的实证研究［J］. 科研管理. 2008，29（5）：93-110.

［6］陈春花，乐国林，曹洲. 中国领先企业管理思想研究［M］. 北京：机械工业出版社，2014.

［7］陈建成，李华晶，乔依杨，等. 从皮格马利翁效应看愿景型领导的行为路径［J］. 科技与管理，2010，012（2）：126-128，132.

［8］陈平，顾建平. 智慧企业的愿景型领导对员工创新行为的影响研究［J］. 南京社会科学，2014（12）：30-36.

［9］陈怡梦. 组织文化对工作满意度、员工士气的激励研究［D］. 贵州：贵州师范大学，2007.

［10］程江. 激励的本质与主体性的转化［M］. 天津：南开大学出

版社，2014.

[11] 程隆云，周小君，何鹏. 非物质激励效果的问卷调查与分析 [J]. 会计研究，2010 (4)：57 – 64 + 96.

[12] 仇勇，孟雨晨，杨旭华. 精神型领导何以激发员工创新？——领导成员交换关系与组织认同的链式中介作用 [J]. 华东经济管理，2019，33 (4)：44 – 50.

[13] 褚吉瑞. 激励资源匮乏状态下提升员工士气的策略 [J]. 领导科学，2017 (12)：22 – 24.

[14] 邓忆瑞. 基于场论的信息扩散研究 [J]. 情报杂志，2008 (8)：31 – 34.

[15] 邓志华，陈维政. 中国文化情景下组织内创造力的多层面精神性动力机制研究 [J]. 商业经济与管理，2020 (7)：38 – 48.

[16] 邓志华. 精神型领导影响员工创造力的跨层次效应研究 [J]. 科技进步与对策，2016，33 (5)：144 – 148.

[17] 邓志华，肖小虹，陈江涛. 创始人精神型领导与新创企业组织创造力：泛家文化的调节作用研究 [J]. 现代财经 （天津财经大学学报），2020，40 (8)：3 – 17.

[18] 邓志华，谢春芳，张露. 创造灵感可以源于灵性因素吗？——员工创造力的灵性动力机制研究 [J]. 管理学刊，2020，33 (3)：73 – 82.

[19] 杜静文. 包容型领导对员工创新行为影响的实证研究 [D]. 长春：东北师范大学，2020.

[20] 范雪灵，王小华. 愿景型领导研究述评与展望 [J]. 经济管理，2017，39 (12)：174 – 189.

[21] [美] 福山 （Fukuyama）. 信任：社会美德与创造经济繁荣 [M]. 郭华译，桂林：广西师范大学出版社，2016.

[22] 龚湛雪. 多层次资质过剩感及其对个人和团队创造力的影响研究 [D]. 武汉：武汉大学，2019.

［23］顾建平，李艳，孙宁华．企业家灵性资本如何影响员工主动性行为？［J］．外国经济与管理，2019，41（5）：74－87.

［24］顾建平，吴寒宵，单庚芝．呼唤企业家灵性资本——VUCA时代危机管理的核心［J］．清华管理评论，2020（6）：37－43.

［25］顾远东，周文莉，彭纪生．组织支持感对研发人员创新行为的影响机制研究［J］．管理科学，2014，27（1）：109－119.

［26］郭利娜．当代精神生活的物化困境及其超越［D］．武汉：华中师范大学，2013.

［27］郭子仪．《孙子兵法》管理心理学思想研究［J］．心理学报，2000（3）：353－357.

［28］黄培伦．员工激励的士气诊断与对策［J］．科技管理研究，2005（12）：239－242.

［29］黄艳．目标取向对创造力的影响机制研究［D］．南京：南京大学，2018.

［30］黄瑛、曹飞鸿．士气的影响因素及其作用的研究述评［J］．中国管理信息化，2013（1）.

［31］黄瑛，冯妍，裴立芳．员工士气理论的研究述评［J］．中国管理信息化，2015，18（4）：116－118.

［32］揭晓．论马克思精神生产理论的逻辑理路及其当代启示［J］．社会工作与管理，2017，17（1）：84－90.

［33］［美］杰弗里·A.迈尔斯．管理与组织研究必读的40个理论［M］．北京：北京大学出版社，2017.

［34］康国华．科研院所知识型员工精神激励研究［D］．长沙：中南大学，2012.

［35］柯江林，丁群．创业型领导对初创企业员工态度与创新绩效的影响——职场精神力的中介效应与领导—成员交换的调节作用［J］．经济与管理研究，2020，41（1）：91－103.

［36］［美］克里斯托弗·彼得森．积极心理学［M］．徐红，译．

北京：群言出版社，2010.

[37] 雷恩，孙健敏，黄小勇，等. 管理思想史 [M]. 北京：中国人民大学出版社，2009.

[38] 李超平，王祯，毛凯贤. 管理研究量表手册 [M]. 北京：中国人民大学出版社，2016.

[39] 李超平，徐世勇. 管理与组织研究常用的 60 个理论 [M]. 北京：北京大学出版社，2019.

[40] 李春苗. 军队士气模型、影响因素及其激励机制研究 [D]. 广州：华南师范大学. 2006.

[41] 李广平. 教师工作士气的构成与激发 [J]. 社会科学战线，2005 (5)：231 - 233.

[42] 李宏利，王星，董丽娟，等. 员工创新行为源于领导情感信任吗？风险倾向与组织行为授权的调节作用 [J]. 心理与行为研究，2018，16 (5)：12.

[43] 李宁，严进，金鸣轩. 组织内信任对任务绩效的影响效应 [J]. 中国工商管理研究前沿，2006，38 (5)：770 - 777.

[44] 李锐，凌文辁. 工作投入研究的现状 [J]. 心理科学进展，2007 (2)：366 - 372.

[45] 李燕萍，刘金璐，洪江鹏，等. 我国改革开放 40 年来科技人才政策演变、趋势与展望：基于共词分析法 [J]. 科技进步与对策，2019，36 (10)：108 - 117.

[46] 李一. 探析源于中国本土文化的激励理论 [J]. 领导科学，2005 (13)：44 - 45.

[47] 李云，李锡元. 自我职业生涯管理与经理人职业成长——劳动关系氛围与组织结构的权变影响 [J]. 科研管理，2017，38 (1)：9.

[48] 李仲秋. 动机视角下悖论式领导行为对员工创造力的影响研究 [D]. 哈尔滨：哈尔滨工业大学，2020.

[49] 梁军，李文玲. 马克思精神生产理论视域下中国共产党人精

神谱系的发展逻辑［J］. 西安交通大学学报（社会科学报），2023，43（1）：21 – 29.

［50］林少培. 澳门中小幼教师士气激励的探索［D］. 广州：华南师范大学，2003.

［51］林岩. 马克思精神生产理论及其当代视域［M］. 北京：人民出版社，2018.

［52］刘景江，邹慧敏. 变革型领导和心理授权对员工创造力的影响［J］. 科研管理，2013，34（3）：7.

［53］刘孟超，黄希庭. 希望：心理学的研究述评［J］. 心理科学进展，2013，21（3）：548 – 560.

［54］刘雪飞. 精神型领导对员工创新行为影响的实证研究［D］. 郑州：郑州大学，2019.

［55］刘亚旭，佘伟军，李建民，等. 企业科研院所人才激励机制探索与实践［J］. 石油科技论坛，2021，40（1）：53 – 59.

［56］刘月明，王燕飞. 论大学拔尖科研人才养成激励结构的错置及其完善［J］. 大学教育科学，2017（3）：51 – 55.

［57］吕微，唐伟. 国有企业知识型员工激励机制研究［J］. 经济问题，2012（12）：57 – 60.

［58］马囡. 民营科技企业知识型员工精神激励研究［D］. 天津：天津科技大学，2015.

［59］孟雨晨，杨旭华，仇勇. 从"外在约束"到"内在激发"：精神型领导对员工建言行为的影响机制研究［J］. 中国人力资源开发，2018，35（3）：6 – 17.

［60］［美］米哈里·希斯赞特米哈伊. 创造力：心流与创新心理学［M］. 黄珏苹，译. 杭州：浙江人民出版社，2015.

［61］牟成文. 论马克思的精神观［J］. 马克思主义与现实，2013（5）：41 – 47.

［62］倪渊，张健. 科技人才激励政策感知，工作价值观与创新投

入［J］. 科学学研究，2021（4）.

［63］裴瑞敏，李虹，高艳玲. 领导风格对科研团队成员创造力的影响机制研究——内部动机和 LMX 的中介作用［J］. 管理评论，2013，25（3）：111 - 118 + 145.

［64］彭伟，李慧，周欣怡. 悖论式领导对员工创造力的跨层次作用机制研究［J］. 科研管理，2020，41（12）：257 - 266.

［65］亓朋，艾洪山，徐昱东，等. 中国各地区生态福利绩效评价及贸易开放程度影响效应研究［M］. 北京：经济管理出版社，2020.

［66］齐善鸿，刘明，吕波. 精神激励的内在逻辑及操作模式［J］. 科技管理研究，2007（7）：137 - 139.

［67］邱国隆. 国民小学组织气氛与教师士气关系之研究［D］. 中国台湾：台北师范学院国教所，2000.

［68］任俊. 儿童希望的培养——心理学意义上的分析［J］. 常州工学院学报（社科版），2006（5）：48 - 52.

［69］申来津. 精神激励的权变理论［D］. 南京：南京师范大学，2002.

［70］石冠峰，毛舒婷，王坤. 幽默型领导对员工创造力的作用机制研究：基于社会交换理论的视角［J］. 中国人力资源开发，2017（11）：17 - 31.

［71］史珈铭，赵书松，吴侯含. 精神型领导与员工职业呼唤——自我决定理论视角的研究［J］. 经济管理，2018，40（12）：138 - 152.

［72］孙毓蔚. 物质激励与精神激励的边际效用减增性研究［J］. 企业研究，2013（2）：147.

［73］陶新华，朱永新. 论先秦法家的人性理论与领导心理思想［J］. 心理学报，2002（2）：212 - 218.

［74］田喜洲，张屿，董强. 中国情境下的劳动者工作价值取向及其影响研究［J］. 软科学，2016，30（1）：91 - 94.

［75］屠兴勇，张琪，王泽英，等. 信任氛围、内部人身份认知与

员工角色内绩效：中介的调节效应 ［J］. 心理学报，2017，49（1）：83 – 93.

［76］万鹏宇，邹国庆，汲海锋. 精神型领导对知识型员工创新绩效的影响——知识分享和领导认同的作用 ［J］. 技术经济，2019，38（5）：29 – 37 + 66.

［77］王红丽，张筌钧. 被信任的代价：员工感知上级信任、角色负荷、工作压力与情绪耗竭的影响关系研究 ［J］. 管理世界，2016（8）：17.

［78］王纪孔，刘璟，金旻荣，等. 韩中经济文化交流的诸问题与未来展望 ［M］.（韩国）善仁（선인）出版社，2014.

［79］王明辉，郭玲玲，方俐洛. 工作场所精神性的研究概况 ［J］. 心理科学进展，2009（1）：8.

［80］王明辉，郭腾飞，王丹丹. 组织气氛和员工心理安全感的中介效应—精神型领导对员工谏言行为的影响机制 ［J］. 河南大学学报（社会科学版），2017，57（6）：115 – 122.

［81］王明辉，李婕，王峥峥，李宗波. 精神型领导对员工情感承诺的影响：主观支持感的调节效应 ［J］. 心理与行为研究，2015，13（3）：375 – 379.

［82］王艳子，王聪荣. 精神型领导对员工工作偏离行为的影响 ［J］. 首都经济贸易大学学报，2019，21（2）：62 – 71.

［83］王雁飞，朱瑜. 组织社会化与员工行为绩效——基于个人—组织匹配视角的纵向实证研究 ［J］. 管理世界，2012（5）：16.

［84］王永丽，张智宇，何颖. 工作 – 家庭支持对员工创造力的影响探讨 ［J］. 心理学报，2012，44（12）：1651 – 1662.

［85］王元元，时勘，殷融. 多重匹配因素对员工工作投入的影响机制：员工 – 主管匹配的调节效应 ［J］. 中国人力资源开发，2018，35（1）：27 – 36 + 93.

［86］王峥峥. 精神型领导的内容结构及其相关研究 ［D］. 郑州：

河南大学, 2012.

[87] 韦慧民, 龙立荣. 主管认知信任和情感信任对员工行为及绩效的影响 [J]. 心理学报, 2009, 41 (1): 86 – 94.

[88] 魏志茹. 基于知识图谱的员工创造力综述研究 [J]. 企业改革与管理, 2020 (6): 176 – 179.

[89] 温忠麟, 侯杰泰, 张雷. 调节效应与中介效应的比较和应用 [J]. 心理学报, 2005, 37 (2): 268 – 274.

[90] 温忠麟, 叶宝娟. 中介效应分析: 方法和模型发展 [J]. 心理科学进展, 2014, 22 (5): 731 – 745.

[91] 文晓立, 陈春花. 领导特质对员工创造力影响研究述评 [J]. 技术经济与管理研究, 2020 (6): 42 – 46.

[92] 吴寒宵. 精神型领导对 "90 后" 员工幸福感的影响——一个被调节的中介效应 [D]. 南京: 南京师范大学, 2021.

[93] 吴明隆. 结构方程模型: AMOS 的操作与应用 [M]. 2 版. 重庆: 重庆大学出版社, 2010.

[94] 吴明隆. 问卷统计分析实务: SPSS 操作与应用 [M]. 重庆: 重庆大学出版社, 2010.

[95] 吴湘繁, 向毅. 组织中的精神型领导研究述评与展望 [J]. 新疆财经大学学报, 2021 (2): 42 – 54.

[96] 夏金华, 朱永新. 墨家的领导者心理素质思想 [J]. 心理学报, 2000 (4): 464 – 469.

[97] 香川真. 员工士气测定的实证研究——以中国江苏省苏州大型宾馆为例 [A]// 国际人力资源开发研究会、北京大学人力资源开发与管理研究中心、中国人力资源开发研究会、首都经济贸易大学劳动经济学院. 基于全球视角的人力资源理论与实践问题研究——国际人力资源开发研究会第六届亚洲年会论文集 (中文部分) [C]// 国际人力资源开发研究会、北京大学人力资源开发与管理研究中心、中国人力资源开发研究会、首都经济贸易大学劳动经济学院、北京大学人力资源开发与

管理研究中心，2007：8.

［98］徐海波，高祥宇. 人际信任对知识转移的影响机制：一个整合的框架［J］. 南开管理评论，2006（5）：99－106.

［99］徐海峰. 实践唯物主义的"精神"重构及其当代价值——马克思关于精神的哲学解读［J］. 中共中央党校（国家行政学院）学报，2021，25（4）：56－63.

［100］徐昱东. 俄罗斯地区营商环境与中资进入的区位选择研究［M］. 北京：中国社会科学出版社，2019.9.

［101］许学国，梅冰青，吴耀威. 基于知识属性与场论的空间知识辐射效应研究——以长三角地区为例［J］. 科技进步与对策，2016，33（2）：142－147.

［102］闫春，黄绍升. 组织内人际信任对员工创造力的作用：基于元分析的证据［J］. 技术经济，2020，39（11）：154－164＋174.

［103］颜辉德，郭钰涓. 和平文化经营理念与员工士气之关系研究［J］. 多国籍企业管理评论，2015，9（2）：129－147.

［104］杨付，刘军，张丽华. 精神型领导、战略共识与员工职业发展：战略柔性的调节作用［J］. 管理世界，2014（10）：100－113＋171＋187－188.

［105］杨付，王桢，张丽华. 员工职业发展过程中的"边境困境"：是机制的原因，还是人的原因？［J］. 管理世界，2012（11）：23.

［106］杨晓，师萍，谭乐. 领导—成员交换社会比较，内部人身份认知与工作绩效：领导—成员交换关系差异的作用［J］. 南开管理评论，2015，18（4）：10.

［107］杨振芳，陈庆文，朱瑜，等. 精神型领导是员工主动性行为的驱动因素吗？——一个多重中介效应模型的检验［J］. 管理评论，2016，28（11）：191－202.

［108］杨振芳，朱瑜，陈庆文. 精神型领导结构维度研究［J］. 领导科学，2015（5）：21－25.

[109] 叶仁荪，倪昌红，廖列法. 领导信任、群体心理安全感与群体离职——基于群体互动视角的分析 [J]. 经济管理，2016 (5)：11.

[110] 于静. 管理者灵性领导对员工职场灵性影响研究述评与展望 [J]. 对外经贸，2015 (9)：130 - 133 + 136.

[111] 于静. 自我效能感调节下的精神型领导对员工职场灵性影响的研究 [D]. 呼和浩特：内蒙古大学，2016.

[112] 于忠军，王静，梁东荣，等. 组织创造力与组织绩效的相关性实证研究 [J]. 山东科技大学学报 (社会科学版)，2014，16 (5)：79 - 83.

[113] 俞吾金. 作为全面生产理论的马克思哲学 [J]. 哲学研究，2003 (8)：16 - 22 + 95.

[114] 袁合艳. 基于 ERG 理论的知识型员工非物质激励体系优化研究 [D]. 青岛：青岛大学，2020.

[115] 袁瑛，卢文文. 管理中的物质激励和精神激励 [J]. 中国集体经济，2009 (7)：63 - 64.

[116] 詹小慧，杨东涛，栾贞增，等. 主动性人格对员工创造力的影响——自我学习和工作投入的中介作用 [J]. 软科学，2018 (4)：82 - 85.

[117] 张光磊，周金帆，张亚军. 精神型领导对员工主动变革行为的影响研究 [J]. 科研管理，2018，39 (11)：88 - 97.

[118] 张建卫，周洁，李海红，等. 军工研发人员内部人身份感知对其离职意向及创新行为的作用机理：主动性人格与组织职业生涯管理的联合效应 [J]. 科技进步与对策，2019，37 (12)：108 - 117.

[119] 张军成，凌文辁. 国外精神型领导研究述评 [J]. 外国经济与管理，2011，33 (8)：33 - 40.

[120] 张颖. 领导亲社会动机与员工创造力的关系研究 [D]. 杭州：浙江工业大学，2020.

[121] 赵晨，高中华，谢荣艳. 知识员工工作流动中的非经济报酬

及其激励效应 [J]. 中国软科学, 2017 (11): 184 – 192.

[122] 周恩毅, 贺凡. 华为公司企业文化的激励作用 [J]. 经营与管理, 2022 (3): 82 – 87.

[123] [美] 周京, 克里斯提娜·E. 莎莉. 组织创造力研究全书 [M]. 魏昕, 陈云云, 等译. 张志学, 审校. 北京: 北京大学出版社, 2010.

[124] 周俊 (2017). 问卷数据分析——破解 SPSS 的六类分析思路 [M]. 北京: 电子工业出版社, 2017: 73 – 77.

[125] 朱旭东. 国企员工精神激励的量化研究 [D]. 上海: 上海交通大学, 2014.

[126] Ahiauzu A, Asawo P. Unwavering Hope and Workers' Commitment in the Nigerian Manufacturing Industry: A Study in Workplace Spirituality [J]. Business Renaissance Quarterly, 2009.

[127] Akintayo D. Working Environment, Workers' Morale and Perceived Productivity in Industrial Organizations in Nigeria [J]. Education Research Journal, 2012, 2 (3): 87 – 93.

[128] Ali M, Usman M, Pham N T, et al. Being Ignored At Work: Understanding How And When Spiritual Leadership Curbs Workplace Ostracism In the Hospitality Industry [J]. International Journal of Hospitality Management, 2020 (9): 102696.

[129] Ali M, Usman M, Shafique I, et al. Fueling the Spirit of Care to Surmount Hazing: Fore Grounding the Role of Spiritual Leadership in Inhibiting Hazing in the Hospitality Context [J]. International Journal of Contemporary Hospitality Management, 2022a.

[130] Ali M, Usman M, Soetan G T, et al. Spiritual Leadership and Work Alienation: Analysis of Mechanisms and Constraints [J]. The Service Industries Journal, 2022b: 1 – 22.

[131] Amabile T M. A model of Creativity and Innovation in Organiza-

tions [J]. Research in Organizational Behavior, 1988 (10): 123 – 167.

[132] Amabile T M. Creativity in Context [M]. Boulder, CO: Westview, 1996.

[133] Amabile T M. , Mueller J S. , Staw B M. Affect and Creativity at Work [J]. Administrative Science Quarterly, 2005, 50: 367 – 403.

[134] Amabile T M. The Social Psychology of Creativity [M]. New York: Springer – Verlag, 1983.

[135] Anderson J R. The Architecture of Cognition [M]. Cambridge: Harvard University, 1996.

[136] Anderson N, Potočnik K, Zhou J. Innovation and Creativity in Organizations: A State – of – the – Science Review, Prospective Commentary and Guiding Framework [J]. Journal of Management, 2014 (40): 10.

[137] Anderson W R, West M A. Measuring Climate for Work Group Innovation: Development and Validation of the Team Climate Inventory [J]. Journal of Organizational Behavior, 1998.

[138] Andrews F M, Farris G F. Supervisory Practices and Innovation in Scientific Teams1 [J]. Personnel Psychology, 1967, 20 (4): 497 – 515.

[139] Appelbaum S H, Hare A. Self-efficacy as a Mediator of Goal Setting and Performale: Some Human Resource Applications [J]. Journal of Managenal Psychology, 1996, 11 (3): 33 – 47.

[140] Arménio R, Fernanda M, Susana L, et al. Are Hopeful Employees More Creative? An Empirical Study [J]. Creativity Research Journal, 2009, 21 (2 – 3): 223 – 231.

[141] Ashmos D P, Duchon D. Spirituality at Work: A Conceptualization and Measure [J]. Journal of Management Inquiry, 2000, 9 (2): 134 – 145.

[142] Aslan M, Korkut A. Spiritual Leadership in Primary School in

Turkey [J]. Journal of Educational & Social Research. 2015, 5 (2): 123 – 136.

[143] Avey J B, Wernsing T S, Luthans F. Can Positive Employees Help Positive Organizational Change? Impact of Psychological Capital and Emotions on Relevant Attitudes and Behaviors [J]. Journal of Applied Behavioralence, 2008, 44 (1): 48 – 70.

[144] Avolio B J, Gardner W L, Walumbwa F O, et al. Unlocking the Mask: A Look at the Process by Which Authentic Leaders Impact Follower Attitudes and Behaviors [J]. Leadership Quarterly, 2004, 15 (6): 801 – 823.

[145] Awamleh G. Perceptions of Leader Charisma and Effectiveness: The Effects of Vision Content, Delivery, and Organizational Performance [J]. The Leadership Quarterly, 1999.

[146] Axtell C, Holman D, Unsworth K, et al. Shopfloor Innovation: Facilitating the Suggestion and Implementation of Ideas [J]. Journal of Occupational and Organizational Psychology, 2000, 73: 265 – 285.

[147] Ayranci E, Semercioz F. The Relationship Between Spiritual Leadership and Issues of Spirituality and Religiosity: A Study of Top Turkish Managers [J]. International Journal of Business and Management, 2011, 6 (4): 1833 – 8119.

[148] Bachmann R, Zaheer A. The Handbook of Trust Research [EB/OL]. Greenwood Folklore Handbooks, 2006, 10 (3). https://www.researchgate.net/publication/234021311 _ The _ Handbook _ of _ Trust _ Research.

[149] Baehr M E, Rench R. The definition and Measurement of Employee Morale [J]. Administrative Science Quarterly, 1958, 3 (2): 157.

[150] Baer M, Oldham G R. The Curvilinear Relation Between Experienced Creative Time Pressure and Creativity: Moderating Effects of Openness

to Experience and Support for Creativity [J]. Journal of Applied Psychology, 2006, 91 (4): 963.

[151] Bandura A. Self-efficay: Toward a Unifying Theory of Behaviorial Change [J]. Psychological Review. 1997, 84 (2): 191 –215.

[152] Bandura A. Social Lognitive Theory: An Agentic Perspective [J]. Asian Journal of Social Psychology, 2002, 2 (1): 21 –41.

[153] Baron R M, Kenny D A. The Moderator-mediator Variable Distinction in Social Psychological Research: Conceptual, Strategic, and Statistical Considerations [J]. Journal of Personality and Social Psychology, 1986, 51: 1173 –1182.

[154] Bartone P T, Johnson B H, Brun E J, et al. Factors Influencing Small Unit Cohesion in Norwegian Navy Officer Cadets [J]. Military Psychology, 2002, 14 (1): 1 –22.

[155] Bass B M, Avolio B J. Developing Transformational Leadership: 1992 and Beyond [J]. Journal of European Industrial Training, 1990 (5): 21 –27.

[156] Bass B M, Avolio B J. Transformational Leadership and Organizational Culture [J]. The International Journal of Public Administration, 1994 (3 –4): 541 –554.

[157] Bass B M. Two Decades of Research and Development in Transformational Leadership [J]. European Journal of Work & Organizational Psychology, 1999, 8 (1): 9 –32.

[158] Benefiel M, Fry L W, Geigle D. Spirituality and Religion in the Workplace: History, Theory, and Research [J]. Psychology of Religion & Spirituality, 2014, 6 (3): 175 –187.

[159] Benefiel M. The second half of the journey: Spiritual leadership for organizational transformation [J]. Leadership Quarterly, 2005, 16 (5): 723 –747.

［160］ Bhuvaneswari G, Vijayarajakumar P T. Impact of Factors of Motivation on Employee Motivation in Higher Educational Institutions in Coimbatore, India ［J］. Smart Journal of Business Management Studies, 2021, 17 (2).

［161］ Bidault F, Castelo A. Why Too Much Trust is Death to Innovation. Mit Sloan Management Review ［J］. 2010, 51 (4): 33 –38.

［162］ Blake R R, Mouton J S. How to Achieve Integration on the Human Side of the Merger ［J］. Organizational Dynamics, 1985, 13 (3): 41 – 56.

［163］ Bono J E, Judge T A. Core Self-valuations: A Review of the Trait and Its Role in Job Satisfaction and Job Performance ［J］. European Journal of Personality, 2003, 17 (S1).

［164］ Bowles D, Cooper C. Creating/Maintaining the High Morale Organization: Do We Create High Morale—Or Step Out of the Way? ［J］. Palgrave Macmillan UK, 2009.

［165］ Brown K W, Ryan R M, Creswell J D. Mindfulness: Theoretical Foundations and Evidence for its Salutary Effects ［J］. Psychological Inquiry, 2007 (18): 211 –237.

［166］ Brown K W, Ryan R M. The benefits of being present: mindfulness and its role in psychological well-being ［J］. Journal of Personality and Social Psychology, 2003, 84 (4): 822 –848.

［167］ Brown M E, Trevino L K. Ethical Leadership: A Review and Future Directions. Leadership Quarterly, 2006, 17 (6): 595 –616.

［168］ Cacioppe R. Creating Spirit at Work: Re-visioning Organization Development and Leadership – Part I ［J］. Leadership & Organization Development Journal, 2000, 21 (1): 48 –54.

［169］ Cao K, Long J, Yang Y. Empirical Study on the Relatimship Between Organizational Trust, Knowledge Sharing and Organizational Performance [J]. Management of Research and Development. 2008, 29 (5): 93 – 110.

[170] Carmeli A, Schaubroeck J. The Influence of Leaders' and Other Referents' Normative Expectationson Individual Involvement in Creative Work [J]. The Leadership Quarterly, 2007, 18 (1): 35 – 48.

[171] Carton A, Murphy C, Clark J. A (Blurry) Vision of the Future: How Leader Rhetoric About Ultimate Goals Influences Performance [J]. The Academy of Management Journal, 2014.

[172] Cash K C, Rood G. Themes: Structure and Decision Making ‖ A Framework for Accommodating Religion and Spirituality in the Workplace [and Executive Commentary] [J]. The Academy of Management Executive (1993 – 2005), 2000, 14 (3): 124 – 134.

[173] Cavanagh G F, Bandsuch M R. Virtue as A Benchmark for Spirituality in Business [J]. Journal of Business Ethics, 2002 (38): 109 – 117.

[174] Cavanagh G F. Spirituality for Managers: Context and Critique [J]. Journal of Organizational Change Management, 1999, 12 (3): 186 – 199.

[175] Cavanagh G, Hanson B, Hanson K, et al. Toward A Spirituality for the Contemporary Organization: Implications for Work, Family and Society [J]. Research in Ethical Issues in Organizations, 2003, 5 (1 Suppl): 111 – 138.

[176] Chen C Y, Li C I. Assessing the Spiritual Leadership Effectiveness: The Contribution of Follower's Self-concept and Pre-liminary Tests for Moderation of Culture and Managerial Position [J]. The Leadership Quarterly, 2013 (1): 240 – 255.

[177] Chen C Y, Yang C F. The Impact of Spiritual Leadership on Organizational Citizenship Behavior: A Multi – Sample Analysis [J]. Journal of

Business Ethics, 2012 (105): 107 – 114.

[178] Chen C Y, Yang C Y, Li C I. Spiritual Leadership, Follower Mediators, and Organizational Outcomes: Evidence from three industries across two major Chinese societies [J]. Journal of applied social psychology, 2012, 42 (4): 890 – 938.

[179] Cheng B S, Chou L F, Wu T Y, et al. Paternalistic Leadership and Subordinate Responses: Establishing a Leadership Model in Chinese Organizations [J]. Asian Journal of Social Psychology, 2004 (7): 89 – 117.

[180] Chen L, Ye Z, Shafait Z, et al. The Effect of Abusive Supervision On Employee Creativity: The Mediating Role of Interpersonal Harmony [J]. Frontiers in Psychology, 2022 (13): 796355.

[181] Cheung C K, Chan C F. Philosophical Foundations of Eminent Hong Kong Chinese CEOs' Leadership [J]. Journal of Business Ethics, 2005, 60 (1): 47 – 62.

[182] Clegg C, Unsworth K, Epitropaki O, et al. Implicating Trust in Innovation Process [J]. Journal of Occupational and Organizational Psychology, 2002, 75 (4): 409 – 422.

[183] Collins J C, Porras J I. Building Your Company Vision [J]. Harvard Business Review, 1996 (9 – 10).

[184] Colquitt J A, Scott B A, Lepine J A. Trust, Trustworthiness, and Trust Propensity: A Meta – Analytic Test of Their Unique Relationships With Risk Taking and Job Performance [J]. Journal of Applied Psychology, 2007, 92 (4): 909 – 927.

[185] Costigan R D, Berman S S I J. A Multi – Dimensional Study of Trust in Organizations [J]. Journal of Managerial Issues, 1998, 10 (3), 303 – 317.

[186] Cremer D, Tyler T. Managing group behavior: The interplay between proceduraljustice, sense of self, and cooperation [J]. Advances in

Experimental Social Psychology, 2005, 37: 151 –218.

[187] Crumpton A D, Ph. D. An Exploration of Spirituality Within Leadership Studies Literature [D]. Virginia: University of Richmond, 2011.

[188] Daft R L, Lengel R H. Fusion Leadership: Unlocking the Subtle Forces that Change People and Organizations [M]. Berrett – Koehler Publishers, Inc. 450 Sansome Street, Suite 1200, San – Francisco, CA 94111 – 3320. 1998.

[189] Das T K, Teng B S. Resource and Risk Management in the Strategic Alliancemaking Process [J]. Journal of Management, 1998, 24 (1): 21 –42.

[190] Deci E L, Books P. Why Do We Do What We Do: Understanding Self-motivation [J]. Journal of Science & Medicine in Sport, 1995, 32: 586 –587.

[191] Deci E L, Connell J P, Ryan R M. Self – Determination in a Work Organization [J]. Journal of Applied Psychology, 1989, 74 (4): 580 –590.

[192] Deci E L, Ryan R M. Self – Determination Theory: A Macrotheory of Human Motivation, Development, and Health [J]. Canadian Psychology, 2008, 49 (3): 182 –185.

[193] Deci E L, Ryan R M. The Paradox of Achievement [A]// Aronson J. Improving Academic Achievement: Impact of Psychological Factors on Education [C]. San Diego: Acadmic Press, 2002: 61 –87.

[194] Deci E L, Ryan R M. The "What" and "Why" of Goal Pursuits: Human Needs and the Self – Determination of Behavior [J]. Psychological Inquiry, 2000, 11 (4): 227 –268.

[195] Dent E B, Higgins M E, Wharff D M. Spirituality and leadership: An empirical review of definitions, distinctions, and embedded assumptions [J]. Leadership Quarterly, 2005, 16 (5): 625 –653.

[196] Dirks K T, Ferrin D L. The Role of Trust in Organizational Settings [J]. Organization Science, 2001, 12 (4): 450 -467.

[197] Dirks K T, Ferrin D L. Trust in Leadership: Meta - Analytic Findings and Implications for Organizational Research [J]. Journal of Applied Psychology, 2001, 87 (4): 611 -628.

[198] Drazin R, Glynn M A, Kazanijian R K. Multilevel Theorizing about Creativity in Organizations: A Sensemaking Perspective [J]. Academy of Management Review, 1999, 24 (2): 286 -307.

[199] Duchon D, Plowman D A. Nurturing the Spirit at Work: Impact on Work Unit Performance [J]. The Leadership Quarterly, 2005, 16 (5): 807 -833.

[200] Edmondson A. Psychological Safety and Learning Behavior in Work Teams [J]. Administrative Science Quarterly, 1999, 44 (2): 350 - 383.

[201] Emmons R A. Acts of gratitude in organizations [A]//Cameron K S, Dutton J E, Quinn R E. Positive Organizational Scholarship [C]. San Francisco: Berrett - Koehler Publishers, 2003: 81 -93.

[202] Fairholm G W. Capturing the Heart of Leadership: Spirituality and Community in the New American Workplace [J]. Praeger Publishers, 1997 (4): 676.

[203] Fairholm G W. Real Leadership - How Spiritual Values Give Leadership Meaning [M/OL]. 2011. http: www. gbv. de/dmz/634302124. pdf.

[204] Fairholm G W. Spiritual Leadership: Fulfilling Whole-self Needs at Work [J]. Leadership & Organization Development Journal, 1996, 17 (5): 11 -17.

[205] Fairholm G W. Values Leadership: Toward a New Philosophy of leadership [M]. Westport, CT: Praeger Publishers, 1991.

[206] Ford C M. A Theory of Individual Creative Action in Multiple So-

cial Domains [J]. Academic of Management Review, 1996, 12: 1112 – 1142.

[207] Fornaciari C J, Dean K L. Making the Quantum Leap: Lessons from Physics on Studying Spirituality and Religion in Organizations [J]. Journal of Organizational Change Management, 2001, 14 (4): 335 – 351.

[208] Fry L W, Cohen M P. Spiritual Leadership as a Paradigm for Organizational Transformation and Recovery from Extended Work Hours Cultures [J]. Journal of Business Ethics, 2009, 84: 265 – 278.

[209] Fry L W, Hannah S T, Noel M, et al. Impact of spiritual leadership on unit performance [J]. Leadership Quarterly, 2011, 22 (2): 259 – 270.

[210] Fry L W, Kriger M. Towards a Theory of Being-centered Leadership: Multiple Levels of Being Ascontext for Effective Leadership [J]. Human Relations, 2009, 62 (11): 1667 – 1696.

[211] Fry L W, Latham J R, Clinebell S K. Spiritual Leadership as A Model for Performance Excellence: A Study of Baldrige Award Recipients [J]. Journal of Management, Spirituality & Religion, 2016.

[212] Fry L W, Matherly L L. Spiritual Leadership and Organizational Performance: An Exploratory Study [C]. Paper presented at the Academy of Management, Atlanta, Georgia, 2006.

[213] Fry L W, Nisiewicz M S. Maximizing the Triple Bottom Line Through Spiritual Leadership [J]. Walter de Gruyter GmbH, 2020.

[214] Fry L W, Nisiewicz M S. Maximizing the Triple Bottom Line Through Spiritual Leadership [M]. Stanford Business Books, 2013.

[215] Fry L W, Nisiewicz M, Vitucci S, et al. Transforming city government through spiritual leadership: Measurement and establishing a baseline [A]//Cameron K S, Spreitzer G M. The Oxford Handbook of Positive Organizational Scholarship [C]. Oxford: Oxford University Press, 2007:

693 –714.

[216] Fry L W, Slocum J W. Maximizing the Triple Bottom Line Through Spiritual Leadership [J]. Organizational Dynamics, 2008 (1): 86 – 96.

[217] Fry L W. Toward a Theory of Spiritual Intelligence and Spiritual Leader Development [C]. Meeting of the Academy of Management, Montreal, Canada 2010.

[218] Fry, L W. Toward a Theory of Spiritual Leadership [J]. Leadership quarterly, 2003, 14 (6): 693 –727.

[219] Fry L W, Vitucci S, Cedillo M. Spiritual Leadership and Army Transformation: Theory, Measurement, and Stablishing a Baseline [J]. The Leadership Quarterly, 2005, 16 (5): 835 –862.

[220] Gagné M, Forest J. The Study of Compensation Systems Through the Lens of Self-determination Theory: Reconciling 35 Years of Debate [J]. Canadian Psychology, 2008, 49 (3): 225 –232.

[221] Gajendran R S, Joshi A. Innovation in Globally Distributed Teams: The Role of LMX, Communication Frequency, and Member Influence on Team Decisions [J]. Journal of Applied Psychology, 2012, 97 (6): 1252 –1261.

[222] Gambetta D, New R. Trust: Making and Breaking Corporate Blackwell [M]. My Publications, 1988.

[223] Gardner A. Perceptions of Leader Charisma and Effectiveness: The Effects of Vision Content, Delivery, and Organizational Performance [J]. The Leadership Quarterly, 1999.

[224] Gardner H. Kornhaber M L, Wake W K. Intelligence: Multiple perspectives [M]. Harcourt Brace College Publishers, 1996.

[225] Gardner H. Multiple Intelligences: Myths and Messages [J]. International Schools Journal, 1995, 15 (3): 8 –22.

[226] Gardner H. Multiple Intelligences Theory to Practice [J]. Choice Reviews Online, 1993, 31 (2).

[227] Georgel J M, Jones G R. Experiencing Work: Values, Attitudes, and Moods [J]. Human Relations, 1997, 50 (4): 393 –416.

[228] Giacalone R A, Jurkiewicz C L, Fry L W. From Concept to Science: The Next Steps in Workplace Spirituality Research [A]. In Handbook of the Psychology of Religion and Spirituality 515 – 258, the Guilford press, 2013.

[229] Giacalone R A, Jurkiewicz C L. Handbook of Workplace Spirituality and Organizational Performance [M]. Armonk, NY: M. E. Sharpe, 2010.

[230] Giacalone R A, Jurkiewicz C L, Knouse S B. A Capstone Project in Business Ethics: Building an Ethics Training Program [J]. Journal of Management Education, 2003, 27 (5): 590 – 607.

[231] Giacalone R A, Jurkiewicz C. Toward a Science of Workplace Spirituality [A]//Giacalone R A, Jurkiewicz C L. Handbook of Workplace Spiritudlity and Organization Performance [C]. Armork, NY: M. E. Sharpe, 2003: 1 – 21.

[232] Gilson L L, Mathieu J E, Shalley C E, et al. Creativity and Standardization: Complementary or Conflicting Drivers of Team Effectiveness? [J]. The Academy of Management Journal, 2005, 48 (3).

[233] Gilson L L, Shalley C E. A Little Creativity Goes a Long Way: An Examination of Teams' Engagement in Creative Processes [J]. Journal of Management, 2004, 12: 453 – 470.

[234] Gong Y, Huang J C, Farh J L. Employee Learning Orientation, Transformational Leadership, And Employee Creativity: the Mediating Role of Employee Creative Self-efficacy [J]. Academy of Management Journal, 2009 (4): 52.

［235］ Gotdon O J. A Factor Analysis of Human Needs and Industrial Morale ［J］. Personed Psychology, 1955: 81.

［236］ Gotsis G, Kortezi Z, Gerard D Z, et al. Economic Theory of Invention and Innovation ［J］. International Journal of Entrepre-neurship and Innovation, 2009, 10 (2): 151 - 157.

［237］ Gottschalk L A. The Application of a Method of Content Analysis to Psychotherapy Research ［J］. American Journal of Psychology, 1974, 28 (4): 488 - 499.

［238］ Granovertter M. Economic Action and Social Structure: The Problem of Embeddedness ［J］. American Journal of Sociology. 1985, 91: 481 - 510.

［239］ Griffith, J. Do Satisfied Employees Satisfy Customers? Support-services Staff Morale and Satisfaction Among Public School Administrators, Students, and Parents ［J］. Journal of Applied Social Psychology, 2010, 31 (8): 1627 - 1658.

［240］ Harari M B, Reaves A C, Viswesvaran C. Creative and Innova-tive Performance: A Meta-analysis of Relationships With Task, Citizenship, and Counterproductive Job Performance Dimensions ［J］. European Journal of Work and Organizational Psychology, 2016, 25 (4): 495 - 511.

［241］ Hirst G, Dick R V, Knippenberg D V. A social identity per-spective on leadership and employee creativity ［J］. Journal of Organizational Behavior, 2009, 30 (7): 963 - 982.

［242］ Howard B B, Guramatunhumudiwa P, White S R. Spiritual In-telligence and Transformational Leadership: A New Theoretical Framework ［J］. Journal of Curriculum & Instruction, 2009, 3 (2).

［243］ Howell J M, Avolio B J. Transformational leadership, transac-tional Leadership, Locus of Control, and Support for Innovation: Key Pre-dictor of Lonsolidated - Business - Unit Performance ［J］. Journal of Appliced

Psychology, 1993, 78 (6): 891 –902.

[244] Hughes D, Lee A, Tian A, et al. Creativity and Innovation: A Critical Review and Practical Recommondations [J]. The Leadership Quarterly, 2018, 29 (5): 549 –569.

[245] Hulsheger U R, Alberts H J E M, Feinholdt A, et al. Benefits of Mindfulness at Work: The Role of Mindfulness in Emotion Regulation, Emotional Exhaustion, and Job Satisfaction [J]. Journal of Applied Psychology, 2013 (2): 98.

[246] Hyatt D E, Ruddy T M. An Examination of the Relationship Between Work Group Characteristics and Performance: Once More into the Breech [J]. Personnel Psychology, 2010, 50 (3): 553 –585.

[247] Hyson P. The Spirited Leader: the Potential of Spiritual Intelligence to Improve Leadership [J]. International Journal of Leadership in Public Services, 2013, 9 (3/4): 109 –115.

[248] Jaiswal N K, Dhar R L. Transformational Leadership, Innovation Climate, Creative Self-efficacy and Employee Creativity: A Multilevel study [J]. International Journal of Hospitality Management. 2015, 51: 30 – 41.

[249] Jamaludin Z, Rahman N, Makhbul Z M, et al. Do Transactional, Transformational and Spiritual Leadership Styles Distincet? A Conceptual Insight [J]. Journal of Global Business and Economics, 2011 (1): 73 – 85.

[250] Jankowiak R, Bilański P, Wasiuta D, et al. A Framework for Leading the Transformation to Performance Excellence Part Ⅱ: CEO Perspectives on Leadership Behaviors, Individual Leader Characteristics, and Organizational Culture [J]. Quality Management Journal, 2014, 20 (2): 492 –500.

[251] Jeon K S, David L P, Lee C. Spiritual Leadership: a Valida-

tion Study in a Korean Context [J]. Journal of Management, Spirituality & Religion, 2013, 10: 4, 342 –357.

[252] Jiang J, Ye Z, Liu J, et al. From "Doing Alone" to "Working Together" —Research on the Influence of Spiritual Leadership on Employee morale [J]. Front Psychol, 2023 (14): 992910.

[253] Johnsrud L K. Maintaining Morale: A Guide to Assessing the Morale of Midlevel Administrators and Faculty [M]. San Francisco: Jossey-Bass, 1996.

[254] Jones K. Spiritual Leadership: Voices of Women Community College Presidents [D]. State of Oregon: Oregon State University, 2008.

[255] Jo N Y, Lee K C, et al. Empirical Analysis of Roles of Perceived Leadership Styles and Trust on Team Members' Creativity: Evidence from Korean ICT Companies [J]. Computers in Human Behavior, 2015, 42 (jan.), 149 –156.

[256] Kabat –Zinn J. Participatory Medicine [J]. Journal of the European Academy of Dermatology and Venereology, 2000 (14): 239 –240.

[257] Kanimozhi M, Vinothkumar A. Effectiveness of Employee Morale and Its Impact on Employee Relation in Manufacturing Industry [J]. JETIR (www. jetir. org), 2018 (11).

[258] Karadağ E. Spiritual Leadership and Organizational Culture: A Study of Structural Equation Modeling [J]. Kuram Ve Uygulamada Egitim Bilimleri, 2009 (3): 1391 –1405.

[259] Karakas F, Sarigollu E. Spirals of Spirituality: A Qualitative Study Exploring Dynamic Patterns of Spirituality in Turkish Organizations [J]. Journal of Business Ethics, 2019, 156 (3): 799 –821.

[260] Karakas S L. Creative and Critical Thinking in the Arts and Sciences: Some Examples of Congruence [C]. Oxford Round Table. 406 West Florida Avenue, Urbana, IL 61801, 2010.

[261] Karin K. The "S" Factor in Leadership Education, Practice, and Research [J]. Journal of Education for Business, 2003, 79 (1): 56 – 60.

[262] Keith J, Karla C, Russell C. Positive and Negative Creativity in Groups, Institutions, and Organizations: A Model and Theoretical Extension. Creativity Research Journal [J]. 1999, 12 (3): 211 –226.

[263] Khan M A S, Du J, Mann A, et al. Rejuvenating the Concept of Work Alienation Through Job Demands – Resource Model and Examining its Relationship With Emotional Exhaustim and Explorative and Exploitative Learning [J]. Psychology Research and Behavior Management, 2019, 12.

[264] Khan M K, Zahid R M A, et al. Does Uhipping Tourament Incentives Spur CSR Performance? An Empirical Evidence From Chinese Sub – national Institution Contingencies [J]. Frontiers in Psychology, 2022 (13): 841163.

[265] Khazanchi S, Masterson S S. Who and What is Fair Matters: A Multi-foci Social Exchange Model of Creativity [J]. Journal of Organizational Behavior, 2011, 32 (1): 86 – 106.

[266] Kinjerski V M, Skrypnek B J. Defining Spirit At Work: Finding Common Ground [J]. Journal of Organizatioinal Change Management, 2004, 17 (1): 26 –42.

[267] Kinjerski V S. Four Paths to Spirit at Work: Journeys of Personal Meaning, Fulfillment, Weil – Being, and Transcendence Through Work (cover story) [J]. Career Development Quarterly, 2008.

[268] Kirkpatrick S A, Locke E A, Latham G P. Implementing the vision: How is it done? [J]. Polish Psychological Bulletin, 1996: 93 – 106.

[269] Kirkpatrick S, Wofford J, Baum J R. Measuring Motive Imagery Contained in the Vision Statement [J]. The Leadership Quarterly, 2002, 13 (2): 139 – 150.

［270］ Klimoski R, Mohammed S. Team Mental Model: Construct or Metaphor? ［J］. Journal of Management, 1994, 20 (2): 403 –437.

［271］ Koenig H G, Larson D B, Larson S S. Religion and coping with serious medical illness ［J］. Annals of Pharmacotherapy, 2001, 35: 352 – 359.

［272］ Kohles J C, Bligh M C, Carsten M K. A Follow – Centric Approach to the Vision Integration Process ［J］. Leadership Quarterly, 2012, 23 (3): 476 –487.

［273］ Kohles J C, Bligh M C, Carsten M K. The Vision Integration Process: Applying Rogers'. Diffusion of Innovations Theory to Leader – Follower Communications ［J］. Leadership, 2013, 9 (4): 466 –485.

［274］ Kolodinsky R W, Giacalone R A, Jurkiewicz C L. Workplace Values and Outcomes: Exploring Personal, Organizational, and Interactive ［J］. Journal of Business Ethics, 2008, 81 (2): 465 –480.

［275］ Latham J R. A Framework for Leading the Transformation to Performance Excellence Part I: CEO Perspectives on Forces, Facilitators, and Strategic Leadership Systems ［J］. Quality Control and Applied Statistics, 2014.

［276］ Law K, Wong C S, Mobley W. Toward a Taxonomy of Constructs ［J］. The Academy of Management Review, 1998 (23): 741.

［277］ Liao H, Liu D, Loi R. Looking at Both Sides of the Social Exchange Coin: A Social Cognitive Perspective on the Joint Effects of Relationship Quality and Differentiation on Creativity ［J］. Academy of Management Journal, 2010, 53 (5).

［278］ Liu D, Jiang K, Shalley C E, et al. Motivational Mechanisms of Employee Creativity: A Meta-analytic Examination and Theoretical Extension of the Creativity Literature ［J］. Organizational Behavior & Human Decision Processes, 2016, 137: 236 –263.

[279] Liu D, Liao H, Loi R. The Dark Side of Leadership: A Three-level Investigation of the Cascading Effect of Abusive Supervision on Employee Creativity [J]. Academic Management, 2012 (55): 1187 – 1212.

[280] Locke E A. The nature and causes of job satisfaction [J]. The Handbook of Industrial & Organizational Psychology, 1976.

[281] Lonsdale J. Political Tribalism and Moral Ethnicity [J]. Ethnicity and Democracy in Africa, 2004 (1): 73 – 95.

[282] Lopez S J, Snyder C R, Magyar – Moe J L, et al. Strategies for Accentuating Hope [M]. John Wiley & Sons, Ltd, 2003.

[283] Luthans F, Wyk R V, Walumbwa F O. Recognition and Development of Hope for South African Organizational Leaders [J]. Leadership & Organization Development Journal, 2004, 25 (5/6): 512 – 527.

[284] Luthans F, Youssef C M, Avolio B J. Psychological Capital: Developing the Human Competitive Edge [M]. Oxford University Prees, 2007.

[285] Luthans F, Youssef C M. Human, Social, and Now Positive Psychological Capital Management: Investing in People for Competitive Advantage [J]. Elsevier Science, 2004, 33 (2): 143 – 160.

[286] Maddock R, Fulton R. Motivation, Emotions, and Leadership: The Silent Side of Management [M]. Praeger, 1998.

[287] Madjar N, Oldham G R, Pratt M G. There's No Place Like Home? The Contributions of Work and Nonwork Creativity Support to Employees' Creative Performance [J]. Academy of Management Journal, 2001, 45 (4), 757 – 767.

[288] Mael F A, Alderks C E. Leadership Team Cohesion and Subordinate Work Unit Moral and Perfoumance [J]. Military Psychology, 1993, 5 (3): 141 – 158.

[289] Marj Dein L W. Making Conscious Choices in Doing Research on

Workplace Spirituality: Utilizing the "Holistic Development Model" to Articulate Values, Assumptions and Dogmas of the Knower [J]. Journal of Organizational Change Management, 2003, 16 (4): 406 –425.

[290] Markova G, Ford C. Is Money the Panacea? Rewards for Knowledge Workers [J]. International Journal of Productivity and Performance Management, 2011, 60 (7 –8): 813 –823.

[291] Martin R, Guillaume Y, Thomas G, et al. Leader – Member Exchange (LMX) and Performance: A Meta-analytic Review [J]. Personnel Psychology, 2016, 69 (1).

[292] Mayer R C, Davis J H, Schoorman F D. An Integrative Model of Organizational Trust [J]. The Academy of Management Review, 1995, 20 (3): 709 –734.

[293] Mcallister D J. Affect-and Cognition – Based Trust as Foundations for Interpersonal Cooperation in Organizations [J]. Academy of Management Journal, 1995, 38 (1): 24 –59.

[294] McCauley D P, Kuhnert K W. A Theoretical Review and Empirical Investigation of Employee Trust in Management [J]. Public Administration Quarterly, 1992, 16 (2): 265 –285.

[295] Mcevily B, Perrone V, Zaheer A. Trust as an Organizing Principle [J]. Organization Science, 2003, 14 (1): 91 – 103.

[296] McKnight H, Cummings L L, Chervany N. Initial Trust Formation in New Organizational Relationships [J]. Academy of Management Review, 1998, 23: 473 –490.

[297] Melany E. Baehr and Richard Renck: The Definition and Measurement of Employee Morale [J]. Administrative Science Quarterly, 1958, 3 (2): 157.

[298] Miles R E, Porter L W, Craft J. Leadership Attitudes Among Public Health Officials [J]. American Journal of Public Health & the Nations

Health, 1967, 56 (12): 1990 – 2005.

[299] Milliman J, Czaplewski A J, Ferguson J. Workplace Spirituality and Employee Work Attitudes: An Exploratory Empirical Assessment [J]. Journal of Organizational Change Management, 2003, 16 (4): 426 – 447.

[300] Milliman J, Ferguson J. In Search of the "Spiritual" in Spiritual Leadership: A Case Study of Entrepreneur Steve Bigari [J]. Business Renaissance Quarterly, 2008.

[301] Mitroff I I, Denton E A. A Spiritual Audit of Corporate America: A Hard Look at Spirituality, Religion, & Values in the Workplace [J]. San Francisco, CA: Jossey – Bass, 1999.

[302] Mitroff I I, Denton E A. A Study of Spirituality in the Workplace [J]. Mit Sloan Management Review, 1999, 40 (4): 83 – 92.

[303] Mueller J S, Goncalo J A, Kamdar D. Recognizing Creative Leadership: Can Creative Idea Expression Negatively Relate to Perceptions of Leadership Potential? [J]. Journal of Experimental Social Psychology, 2011, 47 (2): 494 – 498.

[304] Mumford M D. Managing creative people: Strategies and Tactics for Innovation [J]. Human Resources Management Review, 2000, 12: 313 – 351.

[305] Mumford M D, Scott G M, Gaddis B. Leading Creative People: Orchestrating Expertise and Relationships [J]. Leadership Quartely, 1995, 13: 705 – 750.

[306] Nanus B. Visionary Leadership: Creating a Compelling Sense of Direction for Your Organization [M]. San Francisco, CA: Jossey – Bass Publishers, 1992.

[307] Nonaka I. The Knowledge – Creating Company [J]. Harvard Business Review. 1991, 85: 162.

[308] Nooralizad R, Ghorchian N, Jaafari P. A Casual Model Depic-

ting the Influence of Spiritual Leadership and Some Organizational and Individual Variables on Workplace Spirituality ［ J ］. Advances in Management. 2011, 4（5）: 14 – 20.

［309］ North D C, Thomas R P. The Rise of the Western World: A New Economic History ［ M ］. Cambridge: Cambridge University Press, 1973.

［310］ Nyhan R C, Herbert A M J R. Development and Psychometric Properties of the Organizational Trust Inventory ［J］. Evaluation Review, 1997, 21（5）: 614 – 635.

［311］ Ohly S, Fritz C. Work Characteristics, Challenge Appraisal, Creativity, and Proactive Behavior: A Multi-level Study ［J］. Journal of Organizational Behavior, 2010, 31（4）: 543 – 565.

［312］ Ohly S, Sonnentag S, Pluntke F. Routinization, Work Characteristics, and Their Relationships With Creative and Proactive Behaviors ［J］. Journal of Organizational Behavior, 2006, 27: 257 – 279.

［313］ Oldham G R, Cummings A. Employee Creativity: Personal and Contextual Factors at Work ［ J ］. Academy of Management Journal, 1996, 39: 607 – 634.

［314］ Parasuraman A, Zeithaml V A, Berry L L, et al. Moving Forward in Service Quality Research: Measuring Different Customer – Expectation levels, Comparing Alternative Scales and Examining the Performance – Behavioral Intentions Link ［M］. Marketing Science Institute, 1994.

［315］ Pattnaik L, Jena L K. Mindfulness, Remote Engagement and Employee Morale: Conceptual Analysis to Address the "New Normal" ［J］. International Journal of Organizational Analysis, 2021, 29（1）.

［316］ Peng W, Rode J C. Transformational Leadership and Follower Creativity: The Moderating Effects of Identification with Leader and Organizational Climate ［J］. Human Relations, 2010, 63（8）: 1105 – 1128.

[317] Petchsawang P, Duchon D. Workplace Spirituality, Meditation, and Work Performance [J]. Journal of Management, Spirituality and Religion, 2012, 9 (2): 189 – 208.

[318] Petchsawang P, Oral M. Intelligence Types in Management and Leadership Perspectives [J]. University of the Thai Chamber of Commerce, 2012.

[319] Peterson S J, Luthans F. The Positive Impact and Development of Hopeful Leaders [J]. Leadership & Organization Development Journal, 2003, 24 (1): 26 – 31.

[320] Pieterse A N, Knippenberg D V, Schippers M, et al. Transformational and Transactional Leadership and Innovative Behavior: The Moderating Role of Psychological Empowerment [J]. Journal of Organizational Behavior, 2010, 31 (4).

[321] Rafferty A E, Griffin M A. Dimensions of Transformational Leadership: Conceptual and Empirical Extensions [J]. The Leadership Quarterly, 2004, 15 (3): 329 – 354.

[322] Rasool S, Samma M. Sustainable Work Performance: The Roles of Workplace Violence and Occupational Stress [J]. International Journal of Environment Research and Public Health. 2020, 17 (3): 912.

[323] Reave L. Spiritual Values and Practices Related to Leadership Effectiveness [J]. Leadership Quarterly, 2005, 16 (5): 655 – 687.

[324] Rego A, Cunha M P. How Individualism – Collectivism Orientations Predict Happiness in a Collectivistic Context [J]. Journal of Happiness Studies, 2009, 10 (1): 19 – 35.

[325] Rego A, Cunha M, Souto S. Do Perceptions of Workplace Spirituality Promote Commitment and Performance? An Empirical Study and Their Implications for Leadership [M]. MacMillan, 2007.

[326] Rego A, Sousa F, Marques C, et al. Hope and Positive Affect

Mediating the Authentic Leadership and Creativity relationship [J]. Journal of Business Research, 2014, 67 (2): 200 – 210.

[327] Reich W P. Depression and Irrational Thinking: A Vicious Circle [D]. Loyola University Chicago, 1981.

[328] Richman A. Everyone Wants an Engaged Workforce: How Can You Create It? [J]. Workspan. 2006 (49): 36 – 39.

[329] Robbins, StephenP, DeCenzo, et al. Supervision today! [M]. 北京: 清华大学出版社, 2011.

[330] Robert A E. Is Spirituality an Intelligence? Motivation, Cognition, and the Psychology of Ultimate Concern [J]. The International Journal for the Psychology of Religion, 2000, 10 (1): 3 – 26.

[331] Robertson I T, Sadri G. Managerial Self-efficacy and Managerial Performance [J]. British Journal of Management, 2005, 4 (1): 37 – 45.

[332] Rollins R, Fry L W. Impact of Spiritual Leadership on the Performance of Information Technology Projects [J]. Academy of Management Annual Meeting Proceedings, 2013 (1).

[333] Rotter J B. A New Scale for the Measurement of Interpersonal trust [J]. Journal of Personality, 1968, 35 (4): 651 – 665.

[334] Rousseau D M, Sitkin S B, Burt R S, et al. Not so Different After All: A Cross-discipline View of Trust [J]. Academy of Management Review, 1998, 23 (3): 393 – 404.

[335] Runco M A, Chand I. Cognition and Creaivity [J]. Educational Psychology Review, 1995, 7: 243 – 267.

[336] Ryan R M, Deci E L. On Happiness and Human Potentials: A Review of Research on Hedonic and Eudaimonic Well – Being [J]. Annual Review of Psychology, 2001, 52: 41 – 66.

[337] Ryan R M, Deci E L. Self – Determination Theory and the Facilitation of Intrinsic Motivation, Social Development, and Well – Being [J].

American Psychologist, 2000, 55 (1): 68 – 78.

[338] Ryan R M, Frederick C M, Lepes D, et al. Intrinsic Motivation and Exercise Adherence [J]. International Journal of Sport Psychology, 1997, 28 (4): 335 – 354.

[339] Ryan R M, Heaher P, Deci E L, et al. Facilitating Health Behaviour Change and Its Maintenance: Intreventions Based on Self – Detyermination Theory [J]. Eur Health Psychol, 2008.

[340] Ryan R M, Sheldon K M, Kasser T, et al. All goals are not created equal: An organismic perspective on the nature of goals and their regulation [J]. Psychology of Action: Linking Cognition and Motivation to behavior, 1996.

[341] Schaubroeck J, Lam S S K, Peng A C. Cognition-based and Affect-based Trust as Mediators of Leader Behavior Influences on Team Performance [J]. Journal of Applied Psychology, 2011, 96 (4): 863 – 871.

[342] Schneider B, Bowen D E. The Service Organization: Human Resources Management Is Crucial [J]. Organizational Dynamics, 1993, 21 (4): 39 – 52.

[343] Schneider B, Wheeler J, Cox J. A Passion For Service: Using Content Analysis to Explicate Service Climate Themes [J]. Journal of Applied Psychology, 1992, 77 (5): 705 – 716.

[344] Scott S G, Bruce R A. Determinants of Innovative Goals, and Personal Discretion on Individual Innovation In The Workplace [J]. Academy of Management Journals, 1994, 37: 580 – 607.

[345] Seers A, Petty M M, Cashman J F. Team-member Exchange Under Team and Traditional Management: A Naturally Occurring Quasi – experiment [J]. Group & Organization Management. 1995, 20 (1): 18 – 38.

[346] Sendjaya S. Conceptualizing and Measuring Spiritual Leadership in Organizations [J]. International Journal of Business and Information,

2007（1）：104 - 126.

［347］Shagait Z, Zhu Y, Meyer N, et al. Emotional Intelligence, Knowledge Management Process and Creative Performance: Modelling the Mediating Role of Self - directed Learning in Higher Education ［J］. Sustainability. 2021, 13: 2933.

［348］Shalley C E, Gilson L L, Blum T C. Matching creativity requirement and the work environment: Effects on satisfaction and intentions to leave ［J］. Academy of Management Journal, 2000, 43: 215 - 223.

［349］Shalley C E, Gilson L L. What Leaders Need to Know: A Peview of Social and Contextual Factors That can Foster or Hinder Creativity ［J］. Leadership Quarterly, 2004, 15（1）: 33 - 53.

［350］Sheldon K M. The Self-concordance Model of Healthy Goal Striving: When Personal Goals Correctly Represent The Person ［J］. Engineering Letters, 2002.

［351］Shin S, Zhou J. Transformational Leadership, Conservation, and Creativity: Evidence From Korea ［J］. Academy of Management Journal, 2003, 46: 703 - 714.

［352］Shorey H S, Snyder C R, Yang X, et al. The Role of Hope as a Mediator in Recollected Parenting, Adult Attachment, and Mental Health ［J］. Journal of Social & Clinical Psychology, 2003, 22（6）: 685 - 715.

［353］Siegel L. Industrial Psychology ［M］. Rchand O. Inwin Inc. , 1969.

［354］Simons T L, Peterson R S. Task Conflict and Relationship Conflict in Top Management Teams: The Pivotal Role of Intragroup Trust ［J］. Journal of Applied Psychology, 2000, 85（1）: 102 - 111.

［355］Snyder C R. Conceptualizing, Measuring and Nurturing Hope ［J］. Journal of Counseling & Development. 1995, 73（3）.

［356］Snyder C R. Hope Theory: Raibows in The Mind ［J］. Psychological Inquiry. 2002, 13 (4): 249 – 275.

[357] Snyder C R, Rand K, King E, et al. "False" Hope [J]. Journal of Clinical Psychology, 2002, 58 (9): 1003 – 1022.

[358] Snyder C R, Sigmon D, Feldman D. Hope for the Sacred and Vice Versa: Positive. Goal-direlted Thinking and Religion [J]. Psychological Inquiry, 2002, 13 (3): 234 – 238.

[359] Snyder C R. The Hope Mandala: Coping With the Loss of a Loved One [J]. The Science of Optimism and Hope, 2000 (1): 124 – 148.

[360] Stajkovic A D, Luthans F. Behavioral Management and Task Performance in Organization: Conceptual Background, Meta-analysis, and Test of Alternative Models [J]. Personnel Psychology, 2010, 56 (1): 155 – 194.

[361] Stam D, Lord R G, Knippenberg D V, et al. An Image of Who We Might Become: Vision Communication, Possible Selves, and Vision Pursuit [J]. Organization science, 2014 (25 – 4).

[362] Sternberg R J, Lubart T I. An Investment Theory of Creativity and Its Development [J]. Human Development, 1991, 34 (1): 1 – 31.

[363] Stokols D, Clitheroe C, Zmuidzinas M. Qualities of Work Environments That Promote Perceived Support for Creativity [J]. Creativity Research Journal. 2002, 14 (2): 137 – 147.

[364] Sutton R I, Hargadon A. Brainstorming Group in Context: Effectiveness in a Product Design Firm [J]. Administrative Science Quarterly. 1996, 43: 685 – 718.

[365] Taboli H, Abdollahzadeh S. The Mediating Role of Trust in Supervisor and Professional Ethics in the Relationship Between Spiritual Leadership and Organizational Virtuousness (Case Study: Document Registration Organization at Kerman City) [J]. International Business Management, 2016 (10): 2214 – 2221.

[366] Tampoe M. Motivating knowledge workers—The challenge for the 1990s [J]. Long Range Planning, 1993, 26 (3): 49 –55.

[367] Thompson R L. The Automatic Hand: Spiritualism, Psychoanalysis, Surrealism [J]. Invisible Culture: An Electronic Journal for Visual Culture, 2004 (7): 1 –18.

[368] Tierney P, Farmer S M. Creative Self – Efficacy Development and Creative Performance Over Time [J]. The Journal of Applied Psychology, 2010, 96 (2): 277 –293.

[369] Tierney P, Farmer S M, Graen G B. An Examination of Leadership and Employee Creativity: The Relevance of Traits and Relationships [J]. Personnel Psychology, 1999, 52: 591 –620.

[370] Tierney P, Farmer S M. The Pygmalion Process and Employee Creativity [J]. Journal of Management, 2004, 30: 413 –432.

[371] Tornow W W, Wiley J W. Service quality and management practices: a look at employee attitudes, customer satisfaction, and bottom-line consequences [J]. Human Resource Planning, 1991, 14 (3): 105 –115.

[372] Turban D B, Tan H H, Brown K G, et al. Antecedents and Outcomes of Perceived Locus of Causality: An Application of Self – Determination Theory [J]. Journal of Applied Social Psychology, 2007, 37 (10).

[373] Tyler T, Lind E. A Relational Model of Authority in Groups [J]. Advances in Experimental Social Psychology, 1992, 25: 115 –192.

[374] Tyler T R, Lind E A. Intrinsic Versus Community – Based Justice Models: When Does Group Membership Matter? [J]. Journal of Social Issues, 1990, 46 (1): 83 –94.

[375] Unsworth K. Unpacking creativity [J]. Academy of Management Review. 2001, 26: 289 –297.

[376] Usman M, Ali M, Ogbonnaya C, et al. Fueling the Intrapreneurial Spirit: A Closer Look at How Spiritual Leadership Motivates Employ-

ee Intrapreneurial Behaviors [J]. Tourism Management. 2021, 83.

[377] Uzzi B. Social Structure and Competition in Interfirm Networks: The Paradox of Embeddedness [J]. Administrative Science Quarterly. 1997, 42 (1): 35 –67.

[378] Vansteenkiste M, Simons J, Soenens B, et al. How to Become a Persevering Exerciser? Providing a Clear, Future Intrinsic Goal in an Autonomy – Supportive Way [J]. Journal of Sport & Exercise Psychology, 2004, 26 (2): 232 –249.

[379] Walumbwa F O, Schaubroeck J. Leader Personality Traits and Employee Voice Behavior: Mediating Roles of Ethical Leadership and Work Group Psychological Safety [J]. Journal of Applied Psychology, 2009 (5): 94.

[380] Watson M, Kuofie M, Dool R. Relationship Between Spiritually Intelligent Leadership and Employee Engagement [J]. Journal of Marketing and Management, 2018, 9 (2): 1 –24.

[381] Welsh D, Raven P V. Hope Among Franchise Leaders: Why Hope has Practical Relevance to Franchising – An Exploratory Study [J]. Canadian Journal of Administrative Sciences, 2011, 28 (2): 134 –134.

[382] Welter F. All You Need is Trust? A Critical Review of the Trust and Entrepreneurship Literature [J]. International Small Business Journal, 2012, 30 (3): 193 –212.

[383] Wenpin T, Sumantra G. Social Capital and Value Creation: The Role of Intrafirm Networks [J]. Academy of Management Journal. 1998, 41: 464 –476.

[384] West M A. Sparkling Fountains or Stagnant Ponds: An Integrative Model of Creativity andInnovation Implementation in Work Groups [J]. Applied Psychology: An Internatiional Review, 2002, 51 (3): 355 –424.

[385] West M. The Social Psychology of Innovation in Groups [J]. In-

novations and Creativity at Work: Psychological and Organizational Strategies. 1990.

[386] Whitener E, Brodt S, Korsgaard M A, et al. Managers as Initiators of Trust: An Exchange Relationship Framework for Understanding Managerial Trustworthy Behavior [J]. Academy of Management Review, 1998, 23: 513 – 530.

[387] White R W. Motivation Reconsidered: The Concept of Competence [J]. Psychological Review, 1959, 66: 297 – 333.

[388] Wigglesworth C. Why Spiritual Intelligence Is Essential to Mature Leadership [M]. Conscious Pursuits, Inc, 2006.

[389] Williamson O E. Transaction Cost Economics and Organization Theory [J]. Industrial and Corporate Change, 1993, 2 (1): 17 – 67.

[390] Woodman R W, Sawyer J E, Griffin R W. Toward a Theory of Organizational Creativity [J]. The Academy of Management Review, 1993, 18 (2): 293 – 321.

[391] Wooduffe C. Employee Engagement—The Real Secret of Winning a Crucial Edge Over Your Rivals [J]. The British Journal of Administrative Management, 2006 (28): 28 – 29.

[392] Yang F, Liu J, Wang Z, et al. Feeling Energized: A Multilevel Model of Spiritual Leadership, Leader Integrity, Relational Energy, and Job Performance [J]. Journal of Business Ethics, 2019 (4): 983 – 997.

[393] Youssef C M, Luthans F. Positive Organizational Behavior in the Workplace: the Impact of Hope, Optimism, and resilience [J]. Journal of Management, 2007, 33 (5), 774 – 800.

[394] Zaccaro S, Dubrow S, Kolze M. Leader Traits and Attributes [A]//The Nature of Leadership [M]. Thousand Oaks: Sage Publication, Inc, 2018: 29 – 55.

[395] Zhang X, Bartol K M. Linking Empowering Leadership and Em-

ployee Creativity: the Influence of Psychological Empowerment, Intrinsic Motivation, And Creative Process Engagement [J]. Academy of Management Journal, 2010 (1): 53.

[396] Zhou J, George J M. When Job Dissatisfaction Leads to Creativity: Encouraging the Expression of Voice [J]. Academy of Management Journal, 2001 (44): 682 – 696.

[397] Zhu Y, Akhtar S. How Transformational Leadership Influences follower Helping Behavior: The Role of Trust and Prosocial Motivation [J]. Journal of Organizational Behavior, 2014, 35 (3): 373 – 392.

[398] Zinnbauer B J, Pargament K I, Scott A B. The emerging meanings of religiousness and spirituality: Problems and prospects [J]. Journal of Personality, 2001, 67 (6): 889 – 919.

附　　录

精神领导力研究调查问卷

尊敬的女士/先生：

您好！

您的回答对我们的学术研究非常重要，您只需要根据您的真实感受作答即可，问题没有对错之分。本研究与您所在组织或您个人的工作评估及机密信息等没有任何关系。

问卷较长，请耐心作答。感谢您的支持！

1. 与组织相关的问题（1表示非常不认同，2表示不认同，3表示比较不认同，4表示一般，5表示比较认同，6表示认同，7表示非常认同）。

请根据自身感受选择对您工作的组织相符的描述程度：

（1）我理解并认同组织的愿景。

（2）我所在团队的愿景规划，可使我发挥出最佳才能。

（3）组织的愿景可以激发我的最佳表现。

（4）我对组织关于员工的愿景充满信心。

（5）我的组织愿景很明确，能够激励我。

（6）我对我的组织有信心，并且愿意尽一切努力来确保任务的完成。

（7）我坚持不懈并付出了额外的努力来帮助我的组织取得成功，因为我对组织的宗旨有信心。

（8）我一直在努力工作，因为我对组织及其领导者充满信心。

（9）我为自己的工作设定了具有挑战性的目标，因为我对自己的组织充满了信心并希望我们取得成功。

（10）通过尽我所能帮助团队成功是我表现对组织及其使命信念的方式。

（11）我的组织非常关心自己的员工。

（12）我的组织对员工很友善和体贴，当员工有困难时，想为此做点什么。

（13）我的组织中的领导者言必信，行必果。

（14）我的组织值得信赖，并忠于员工。

（15）我的组织不惩罚因诚信而犯的错误。

（16）我的组织中的领导者诚信、不妄自尊大。

（17）我的组织的领导者有担当，勇于保护自己的成员。

（18）我们的组织产生了许多新颖而有用的想法（服务/产品）。

（19）我们的组织形成了一个有利于提升自身新颖和有用的想法（服务/产品）的环境。

（20）我们的组织花费很多时间来产生新颖而有用的想法（产品/服务）。

（21）我们的组织认为提出新颖和有用的想法（服务/产品）是重要的活动。

（22）我们的组织积极提出新颖有用的想法（服务/产品）。

2. 与上司相关的问题：本部分内容与您工作的直属上司相关，请根据自身感受选择合适的题项（1表示非常不认同，2表示不认同，3表示比较不认同，4表示一般，5表示比较认同，6表示认同，7表示非常认同）。

（1）我非常喜欢上司的为人。

（2）我的上司是那种让人愿意与之交朋友的人。

（3）我与上司一起工作非常开心。

（4）即使上司对我所涉及的事情并没有充分的了解，也会在上级面前为我的工作辩护。

（5）如果我被其他人"攻击"，上司会为我辩护。

（6）如果我因诚信而犯错，上司会在公司其他人面前为我辩护。

（7）我愿意为上司做超出我职责范围的工作。

（8）我愿意为达成上司的工作目标而付出额外的努力，哪怕超出正式工作要求。

（9）上司在工作方面的知识给我留下了深刻印象。

（10）我敬佩上司在工作方面的知识和能力。

（11）我钦佩上司的专业技能。

（12）学校的知识足以应付我目前的工作。

（13）我的上司尽全力让我参与影响我工作的决策。

（14）我的上司鼓励我想出新的更好的做事方法。

（15）我的上司认可我的工作表现。

（16）在我的工作组中，我的上司和其他人都认可工作出色的人。

（17）我的上司对我既尊重又公平。

（18）我从上司那里得到了足够的支持和指导来做好我的工作。

（19）我的上司会在我工作表现好的时候告知我。

（20）当我工作做得不好时，我的上司会告知我。

（21）我的上司能很成功地组织大家一起工作。

（22）我的上司能够胜任他的工作。

（23）当我遇到影响工作的问题时，我能很容易地找到上司倾诉。

（24）我的上司帮助我制定一个培训计划，以提高我的工作技能，并提供晋升的机会。

（25）我上司的行为表明工作（或产品）质量是重中之重。

（26）当必须作出选择时，我的上司通常会作出质量高于其他工作目标的选择。

（27）我的上司经常对我们所销售的产品/服务提出彻底的改进意见。

（28）我的上司经常提出我们可以出售的全新产品/服务的想法。

（29）我的上司勇于冒险。

（30）我的上司对问题有创造性的解决方案。

（31）我的上司表现出对工作的热情。

（32）我的上司对公司的未来有远见。

（33）我的上司要求和推动我以更创新的方式行动。

（34）我的上司希望我挑战我们目前的经营方式。

3. 请选择您对描述的信心程度（1 表示信任程度接近 0，2 表示非常低，3 表示低，4 表示 50%，5 表示高，6 表示非常高，7 表示接近 100%。）

（1）我相信上司在其工作的关键因素上具备专业能力，信心程度为____。

（2）我相信上司对其工作会做出深思熟虑决定，此信心程度为____。

（3）我相信上司会完成任务，此信心程度为____。

（4）我相信上司对其工作有一定的了解，此信心程度为____。

（5）我相信上司会以合理的方式做他/她的工作，此信心程度为____。

（6）当上司告诉我一些事情时，我认为我可以信任他们，此信心程度为____。

（7）我相信上司会在不引起其他问题的情况下完成这项工作，此信心程度为____。

（8）我相信上司会对其所做工作进行深思熟虑，此信心程度为____。

（9）您向其他团队成员提出更好工作方法的建议的概率为____。

（10）当您做了一些事情，让团队其他成员的工作变容易或变困难时，他们会让您知晓的概率为____。

（11）当团队其他成员做了一些事情，让您的工作变容易或变困难时，您会让他们知晓的概率为____。

（12）您团队的其他成员对您的潜力了解的程度为____。

（13）团队中的其他成员对您的问题和需求了解的程度为＿＿＿。

（14）为了让其他团队成员更便利，您在转换工作职责方面灵活程度为＿＿＿。

（15）在忙碌的情况下，其他团队成员会找您帮忙的概率为＿＿＿。

（16）在忙碌的情况下，您主动帮助团队中其他人的概率为＿＿＿。

（17）您愿意帮助完成分配给别人的工作的意愿程度为＿＿＿。

（18）您团队的其他成员愿意帮助您完成分配给您的工作的意愿程度为＿＿＿。

4. 请选择关于您自身描述的符合程度（1 表示非常不认同，2 表示不认同，3 表示比较不认同，4 表示一般，5 表示比较认同，6 表示认同，7 表示非常认同）。

（1）很多人欣赏我的才干。

（2）我不爱生气。

（3）我的见解和能力超过一般人。

（4）遇到挫折时，我能很快地恢复过来。

（5）我对自己的能力很有信心。

（6）生活中的不愉快，我很少在意。

（7）我总是能出色地完成任务。

（8）我提出新方法来实现工作目标。

（9）我提出新的和可行的想法，改进工作绩效。

（10）我找出新的技术，流程、技术及产品方面的想法。

（11）我提出新的途径来提高质量。

（12）我是一个良好的创意来源。

（13）我不怕冒风险。

（14）我主动向别人表达自己的想法。

（15）我如有机会就能在工作中展现创造力。

（16）我为实施新想法会做好充分的计划安排。

（17）我经常有创新性的想法。

（18）我能想出创造性的问题解决方案。

（19）我经常有解决问题的新方法。

（20）我建议采用新方法来完成工作任务。

（21）我的工作充分调动了我的技能和能力。

（22）我在如何做我的工作上具有灵活性，这样我就能把工作做好。

（23）我的工作允许我来决定做事的方式。

（24）我可以充分选择完成工作的方式。

（25）我做的工作种类很多。

（26）我的工作给了我足够的挑战。

（27）我喜欢我做的工作。

（28）考虑到一切，我对目前的工作很满意。

（29）我很自豪地告诉别人我在我的公司上班。

（30）我会向朋友推荐我的公司是一个工作的好地方。

（31）我不会经常考虑辞职的问题。

请您选择符合的个人情况描述（请将√放到您要选择的栏目旁）。

5. 您的性别：

○男　　　　　○女

6. 您的年龄：

○20 岁以下　　○21～30 岁　　○31～40 岁　　○41～50 岁
○50 岁以上

7. 您的工作年限

○1～5 年　　　○6～10 年　　　○11～15 年　　○16～20 年
○20 年以上

8. 您的职位：

○普通员工　　○基层管理者　　○中层管理者　　○高层管理者
○其他

9. 您工作组织的性质：

○国有企业　　　○民营企业　　　○外商独资企业 ○中外合资企业

○非盈利组织

10. 您工作组织所在行业 ［单选题］*

○农林牧渔业　　　　　　　　○采矿业

○制造业　　　　　　　　　　○建筑业

○批发和零售业　　　　　　　○交通运输、仓储和邮政业

○金融业　　　　　　　　　　○房地产业

○教育　　　　　　　　　　　○住宿和餐饮业

○居民服务、修理和其他服务业 ○科学研究和技术服务业

○信息传输、软件和信息技术服务业

○文化、体育和娱乐业　　　　○租赁和商务服务业

○公共服务和管理

11. 如果您对我们的研究感兴趣，请留下您的电子邮箱接收统计结果。

问卷到此结束，感谢您的耐心参与！